**Conflito de Interesses
nas Companhias**

Conflito de Interesses nas Companhias
REFLEXÕES SOBRE AS TRANSAÇÕES
ENTRE PARTES RELACIONADAS PÓS IFRS

2017

Renato Vilela

CONFLITO DE INTERESSES NAS COMPANHIAS
REFLEXÕES SOBRE AS TRANSAÇÕES ENTRE PARTES RELACIONADAS PÓS IFRS
© Almedina, 2017
Autor: Renato Vilela
DIAGRAMAÇÃO: Almedina
DESIGN DE CAPA: FBA
ISBN: 978-858-49-3212-2

Dados Internacionais de Catalogação na Publicação (CIP)
(Câmara Brasileira do Livro, SP, Brasil)

Vilela, Renato
Conflito de interesses nas companhias : reflexões
sobre as transações entre partes relacionadas pós
IFRS / Renato Vilela. -- 1. ed. -- São Paulo :
Almedina, 2017.
Bibliografia
ISBN: 978-85-8493-212-2
1. Conflito de interesses 2. Direito empresarial -
Brasil 3. Direito societário - Brasil 4. Sociedades
por ações - Legislação - Brasil I. Título.

17-03431 CDU-347.722:338.93(81)

Índices para catálogo sistemático:

1. Brasil : Conflito de interesses : Direito empresarial 347.722:338.93(81)

Este livro segue as regras do novo Acordo Ortográfico da Língua Portuguesa (1990).

Todos os direitos reservados. Nenhuma parte deste livro, protegido por copyright, pode ser reproduzida, armazenada ou transmitida de alguma forma ou por algum meio, seja eletrônico ou mecânico, inclusive fotocópia, gravação ou qualquer sistema de armazenagem de informações, sem a permissão expressa e por escrito da editora.

Maio, 2017

EDITORA: Almedina Brasil
Rua José Maria Lisboa, 860, Conj.131 e 132, Jardim Paulista | 01423-001 São Paulo | Brasil
editora@almedina.com.br
www.almedina.com.br

Aos amigos e incentivadores Ary Oswaldo Mattos Filho,
Nora Matilde Rachman e Viviane Muller Prado.

Agradeço a Elis Benedetti pela cuidadosa revisão.

PREFÁCIO

O desafio de mitigar o conflito de interesses intrínseco aos negócios realizados entre partes relacionadas é ponto central do direito societário. O tema não comporta solução fácil e representa preocupação de investidores com o risco de serem expropriados com as transações realizadas entre a companhia e seus controladores, administradores ou outras empresas do mesmo grupo econômico. Ligado às estruturas de propriedade das sociedades e modelos de governança corporativa, este assunto ocupa extensa literatura no direito comparado e alguma no direito brasileiro.

No Brasil, as transações entre partes relacionadas são disciplinadas pela regra sobre conflito de interesses da Lei das Sociedades por Ações. Herda, portanto, todas as incertezas do debate sobre os contornos da expressão interesse social e sobre a interpretação formal ou substancial do conflito de interesses. Ao estudar a doutrina e jurisprudência judicial e administrativa nacional, a única certeza é não existir certeza sobre a resposta do nosso sistema sobre quem efetivamente pode decidir sobre transações entre partes relacionadas com suspeita de serem conflituosas com os interesses da companhia.

O mérito de "Conflito de interesses nas companhias. Reflexões sobre as transações entre partes relacionadas pós IFRS" de Renato Vilela está na proposição de análise complementar ao debate brasileiro. O autor defende que a transparência tem importante papel para o enfrentamento do problema originado nas transações entre partes relacionadas. Este livro tem origem na dissertação de mestrado defendida no programa de mestrado acadêmico da FGV Direito SP, sob a orientação do Prof. Ary Oswaldo Mattos Filho, com diálogos constantes comigo e com o Professor Alexandre di

Miceli da Silveira. A construção dos argumentos do trabalho obedece ao rigor metodológico e, ao mesmo tempo, o livro oferece uma leitura instigante a partir de perguntas respondidas objetivamente ao longo do texto.

Renato demonstra que a transparência pode ter um papel de destaque na verificação de quanto as companhias listadas estão dispostas a serem *accountable* aos investidores. Defende que há um amplo espaço para o voluntarismo das empresas indicarem suas próprias políticas de encaminhamento para as principais operações conflitantes, considerando as peculiaridades dos seus ramos de negócio bem como as suas estruturas de capital. Esta individualização do problema e das soluções representa uma saída interessante e inteligente.

A transparência sobre a política de tratamento das operações entre partes relacionadas e sobre as suas condições negociais cria subsídios para a tomada de decisão de investimento e formação do preço dos ativos negociados no mercado de valores mobiliários. Esta maneira de analisar o tema tem grande potencial de mitigar a incerteza originada no debate tradicional, no qual não se sabe ao certo, no caso concreto, como reguladores e Poder Judiciário decidirão.

Ao olhar para as normas internacionais de contabilidade (IFRS) no seu estudo sobre transações com partes relacionadas, Renato conseguiu produzir um livro com duas qualidades. A primeira é o dialogo entre o direito local e a adoção de uma regulação global. A segunda está na interdisciplinaridade entre direito e contabilidade.

O mercado de capitais é global em razão da atuação de emissores de valores mobiliários e de investidores em vários mercados. Não é possível ignorar este fato. Investidores globais buscam compreender com mais rapidez os ativos negociados. A internalização do padrão global contábil, isto é, do IRFS, está dentro deste contexto. Assim, este livro inova ao sair do debate conhecido para realçar a necessidade das companhias apontarem como lidam com seus negócios com partes a ela ligadas, levando em conta o padrão global. Ao fim e ao cabo, a obra traz uma proposta de convivência de um debate local na adoção de regulação internacional pelo sistema nacional. Com esta abordagem, Renato consegue construir uma ponte entre debates antigos e conhecidos da doutrina nacional e a internalização de padrões regulatórios internacionais, a partir do estudo de contabilidade com a adoção do IFRS.

PREFÁCIO

Para adotar tal abordagem, exigiu-se uma outra ponte entre o direito e normas contábeis. Sai do conforto do debate dogmático jurídico e aventura-se na disciplina contábil ao estudar o impacto da mudança dos novos padrões especificamente no tema das transações entre partes relacionadas.

Este livro certamente representa um passo importante na reflexão sobre mitigar os conflitos nas transações entre partes relacionadas no Brasil e vale a pena ser lido por quem tem interesses no tema, tanto acadêmico quanto pela atuação profissional.

Viviane Muller Prado
Docente da Escola de Direito da FGV SP.

LISTA DE ABREVIATURAS

ABRASCA	Associação Brasileira das Companhias Abertas
APIMEC	Associação dos Analistas e Profissionais de Investimento do Mercado de Capitais
BACEN	Banco Central
BM&F BOVESPA	Bolsa de Valores Mercadorias e Futuros
CFC	Conselho Federal de Contabilidade
CMN	Conselho Monetário Nacional
CPC	Comitê de Pronunciamentos Contábeis
CVM	Comissão de Valores Mobiliários
FEA-USP	Faculdade de Economia e Administração da Universidade de São Paulo
FIPECAFI	Fundação Instituto de Pesquisas Contábeis, Atuariais e Financeiras
IAN	Informativo Anual
IAS	*International Accounting Standards*
IASB	*International Accounting Standards Board*
IASC	*International Accounting Committee*
IBGC	Instituto Brasileiro de Governança Corporativa
Ibovespa	Índice Bovespa
IBRACON	Instituto dos Auditores Independentes do Brasil
IFRS	*International Financial Reporting Standards*
LSA	Lei das Sociedades por Ações (Lei nº 6.404 de 1976)
SEC	*Securities and Exchange Commission*
SUSEP	Superintendência de Seguros Privados

LISTA DE ABREVIATURAS

ABRASCA	Associação Brasileira das Companhias Abertas
APIMEC	Associação dos Analistas e Profissionais de Investimento do Mercado de Capitais
BACEN	Banco Central
BM&FBOVESPA	Bolsa de Valores, Mercadorias e Futuros
CFC	Conselho Federal de Contabilidade
CMN	Conselho Monetário Nacional
CPC	Comitê de Pronunciamentos Contábeis
CVM	Comissão de Valores Mobiliários
FEA-USP	Faculdade de Economia e Administração da Universidade de São Paulo
FIPECAFI	Fundação Instituto de Pesquisas Contábeis, Atuariais e Financeiras
IAN	Informativo Anual
IAS	International Accounting Standards
IASB	International Accounting Standard Board
IASC	International Accounting Committee
IBGC	Instituto Brasileiro de Governança Corporativa
Ibovespa	Índice Ibovespa
IBRACON	Instituto dos Auditores Independentes do Brasil
IFRS	International Financial Reporting Standards
LSA	Lei das Sociedades por Ações (Lei n.º 6.404 de 1976)
SEC	Securities and Exchange Commission
SUSEP	Superintendência de Seguros Privados

SUMÁRIO

Introdução 17

Decisões negociais, conflito de interesses e as transações entre partes relacionadas......17
Mercado brasileiro e a potencial predominância de interesses do controlador 19
Novas regras de transparência e os benefícios privados do controle 20
Estrutura do trabalho 22

Capítulo 1. Conflito de interesses – aspectos teóricos do tema 23

Apresentação do capítulo 23
1.1. O que se entende por negócios celebrados sob conflito de interesses? 24
   a. Interesse como a relação estabelecida entre bem e sujeito: multiplicidade
     e conflitos 24
   b. Conflito entre os interesses dos administradores e acionistas não
     controladores e conflito entre os interesses de acionistas controladores
     e minoritários: problema jurídico 24
   c. Natureza prática do conflito: unicidade do poder decisório 26
   d. Instauração do conflito pelo poder de oportunidade: problema do
     direito empresarial 26
1.2. Quem são os sujeitos afetados pelas transações celebradas sob conflito de
    interesses? 27
   a. Teorias do interesse social da empresa: breves apontamentos sobre o
     contratualismo e o institucionalismo 28
   b. À luz das teorias do interesse social, quem são os sujeitos prejudicados?
     Dificuldade no transplante das propostas e indefinição 30
   c. Teoria da agência: resposta simples com estreitamento da abrangência 32

CONFLITO DE INTERESSES NAS COMPANHIAS

1.3. Por quais formas negociais estes conflitos se manifestam na prática? 34

a. Negócios entre a companhia e os seus administradores e acionistas em prejuízo dos "principais" 36

b. Política de remuneração dos administradores..37

c. Tomada de propriedade da companhia por executivos e *insider trading*...........37

d. Operações corporativas por motivos variados 38

e. Condições necessárias aos formatos negociais para a ocorrência do conflito de interesses..39

1.4. Como os abusos praticados nestes negócios têm sido juridicamente disciplinados? .40

a. Proibição da celebração de negócios sob conflitos de interesses....................42

b. Aprovação do negócio por administradores ou acionistas desinteressados........44

c. Possibilidade de revisão judicial do contrato 45

d. Transparência obrigatória de informações...47

1.5. De que modo as normas sobre transparência de informações e a preocupação com práticas de governança corporativa podem repercutir nos conflitos de interesses? 49

a. Regras jurídicas formais: transparência estrutural, organizacional e financeira......50

b. Governança corporativa e transparência: sistema serviente a pauta de atuação dos "agentes" e ao monitoramento pelos seus "principais" 53

c. Incremento das regras de transparência obrigatória em relação ao entendimento de governança corporativa adotado: efeitos na pauta decisória e no monitoramento dos "agentes"..56

Capítulo 2. Conflito de interesses no Brasil – Lei 6.404/76, IFRS e a sugestão de um novo foco para o debate 59

Apresentação do capítulo..59

2.1. Quais são as regras da Lei nº 6.404/76 dedicadas aos acionistas e administradores nas situações negociais em que se encontram sob de conflito de interesses? 60

a. Regras dedicadas aos acionistas: artigos 115, 116 e 117...............................61

b. Regras dedicadas aos administradores: artigos 153, 154, 155, 156 e 245 65

2.2. Quais são as estratégias destes dispositivos da Lei nº 6.404/76 e qual é a direção colocada pelo debate da literatura nacional na interpretação deles?...... 70

a. Aprovação do negócio por desinteressados e a revisão judicial da deliberação pelo negócio sob conflito de interesses: falta de hipóteses taxativas e a importância das hipóteses residuais.. 71

b. Deveres fiduciários e o conceito de "interesse da companhia": momento de sua violação como foco do debate entre as correntes formalista e substancialista ...74

c. Interpretações comuns às duas correntes: "voto abusivo"; proibição do voto de acionista em "laudo de avaliação de bens em que concorre para a formação do capital social" e na "aprovação de suas contas como administrador"..78

d. Interpretações divergentes entre as duas correntes: "benefício particular" e "interesse conflitante" do acionista perante a companhia.............................81

e. Interpretação intermediária das duas correntes: possibilidade de verificação do conflito "a priori" e "a posteriori"..88

2.3. O debate tradicional se acomoda à nova contabilidade pós IFRS ou a discussão sobre o conflito de interesses merece um novo enfoque?.................90

a. Harmonização da linguagem contábil e o atributo da comparabilidade: "*International Financial Reporting Standards*" (IFRS) como método baseado na transparência..91

b. IFRS no Brasil: incremento da governança corporativa e repercussão na temática do conflito de interesses...93

c. Debate teórico tradicional sobre o conflito de interesses centrado em solução estanque pela regra: mitigação do risco ou intervencionismo e desconsideração de soluções próprias...96

d. Solução pela articulação de informações: sugestão de deslocamento do debate ...99

2.4. Como o raciocínio sugerido pode ser exemplificativamente aplicado às transações entre partes relacionadas?..106

a. Regras definidoras das transações entre partes relacionadas: IAS 24, CPC 05 (R1) e Deliberação da CVM nº 642..106

b. Inserção na problemática dos conflitos de interesses: influência na decisão das contrapartes e o risco da extração de benefícios privados........................108

c. Importância da divulgação das transações entre partes relacionadas: demonstração dos efeitos no resultado...109

d. Conteúdo das informações que incrementam o sistema de governança corporativa: mecanismos em busca do alinhamento de interesses ou mínimas justificativas para a relação conflitiva..110

e. Exigência de informações sobre o tratamento dos conflitos de interesses pela Instrução CVM nº 480, itens 12.2, d; 12.3, c e 16.1 do formulário de referência 111

Conclusões finais 113

Entendimento sobre a governança corporativa aplicada ao Direito.....................113
A abordagem tradicional amparada no conceito de interesse social......................114
A adoção do IFRS e a proposta teórica alternativa...116

CONFLITO DE INTERESSES NAS COMPANHIAS

Proposta teórica à luz dos estudos 118

Referências 121

Bibliográficas 121
Legais 124

INTRODUÇÃO

Decisões negociais, conflito de interesses e as transações entre partes relacionadas

O estabelecimento e o exercício de boas práticas de governança corporativa, em busca de "fazer com que as decisões sejam tomadas de forma a maximizar o valor de longo prazo do negócio e o retorno de todos os acionistas" (Silveira, 2010, p. 03), serviram e ainda servem como motivação de diversos trabalhos científicos, no âmbito de diferentes áreas[1].

Especificamente sob o olhar do Direito, essas boas práticas de governança podem ser compreendidas como os "mecanismos formadores da estrutura de incentivos, desincentivos e proibições dentro da qual os administradores da companhia devem tomar as suas decisões" (Fox, 1998, p. 703-704) acerca dos negócios desenvolvidos pela empresa.

Tais decisões negociais podem se tornar um relevante problema jurídico quando "alguém não (...) independente em relação à matéria em discussão [influencie ou tome decisões] motivadas por interesses distintos daqueles da organização"[2] empresarial, quer dizer, quando um sujeito que concorre na formação do resultado obtido em instância deliberativa da companhia guarda um interesse conflitante com o objetivo da empresa na operação submetida à aprovação.

Nesta linha, a problemática trazida por deliberações tomadas sob conflito de interesses reside no risco do acionista, conselheiro ou diretor com

---

[1] Na Contabilidade, na Economia e nas Finanças, por exemplo.

[2] Adaptado do item 5.4 do Código de Melhores Práticas de Governança Corporativa do IBGC, 5.ed., de 2015.

direito a voto[3] manifestar a sua vontade em função de seus interesses pessoais, direcionando certas decisões da companhia em seu favor.

Este risco deve variar na razão do sistema de governança aplicável, mais ou menos capaz de oferecer mecanismos suficientes para a administração do problema, em linha com atributos específicos da sociedade listada e do ambiente negocial que a envolve.

Uma categoria específica das contratações sob conflitos de interesses, as transações[4] entre partes relacionadas, é apontada pela literatura especializada[5] como um dos principais caminhos disponíveis à obtenção de benefícios privados pelos representantes da companhia. Neste tipo de negócio, além de seus direitos políticos provenientes da condição de sócio ou de cargos administrativos[6], eles podem aproveitar de uma situação adicional para eventuais extrações de vantagens pessoais, o que se deve a algumas características subjetivas próprias do sujeito que ocupa a posição de contraparte da companhia aberta.

Estas contrapartes, além deles próprios, de seus familiares ou pessoas sob seu mando, podem ser empresas gerenciadas, afiliadas, coligadas, do mesmo grupo econômico, sob influência ou de propriedade do acionista controlador, dos administradores da companhia ou ainda dos familiares destes representantes da sociedade[7]. Assim, quando há transferência de recursos, serviços ou obrigações entre a companhia de capital aberto e

---

[3] Respectivamente com base nas atribuições dos artigos 110; 138, § 1º e 143, § 2º da Lei nº 6.404 de 1976.

[4] O termo "transação" tem um significado jurídico próprio na lei civil brasileira, o qual se refere a "concessões mútuas" feitas pelos contratantes para prevenirem ou terminarem um litígio judicial, nos moldes do artigo 840 do Código Civil. Já a expressão "transações entre partes relacionadas" refere-se a negócios ou contratos realizados entre partes relacionadas, quer dizer, neste caso o termo "transação" é utilizado como sinônimo de um ato negocial ordinário realizado entre tais sujeitos relacionados, sem que uma das partes conceda ou abra mão de uma parcela de seus direitos para a outra. O regramento específico do tema, a Deliberação nº 642 da CVM de 2010, utiliza a expressão neste formato, por isso, é repetida ao longo do trabalho sem mais ressalvas.

[5] Por exemplo: La Porta, *et. al.* (2006); Hertig e Kanda (2008); Silveira, *et. al.* (2009), entre outros.

[6] Vide: nota nº 3.

[7] Este rol de características próprias dos sujeitos que podem contratar com a companhia de capital aberto e serem considerados "partes a ela relacionadas" foi retirado dos subitens "a" e "b" do item nº 9 da Deliberação nº 642 da CVM, no tópico de definição da expressão "parte relacionada".

INTRODUÇÃO

pelo menos uma dessas partes a ela relacionada[8], configura-se a referida transação entre partes relacionadas.

A preocupação perante tais transações resulta da noção comum de que esses negócios costumam ser celebrados sob condições e preços piores do que poderiam ser encontrados no mercado (Hertig e Kanda, 2008, p. 101), junto a terceiros totalmente alheios à companhia ou quando trabalhados por sujeitos independentes em relação ao conflito.

Nesta razão, a eficiência dos termos contratados e a questionável comutatividade do valor ajustado são interpretadas justamente como o benefício pessoal experimentado pela parte que decide, ou no mínimo, influencia alguma deliberação, em favor de seu interesse e em prejuízo dos demais interessados nas atividades da sociedade empresária.

Mercado brasileiro e a potencial predominância de interesses do controlador

O mercado acionário brasileiro é conhecido por abrigar companhias abertas com a titularidade de suas ações altamente concentrada em torno de poucos dos seus sócios[9]. A disposição do artigo 110 da Lei nº 6.404 de 1976 de que "A cada ação ordinária corresponde 1 (um) voto nas deliberações da assembléia-geral", empresta funcionalidade prática a este tipo de participação acionária e, por isso, ampara a relevância do conceito de acionista controlador.

Tal figura do controlador pode ser preenchida por um indivíduo que sozinho é titular de um número de ações ordinárias, suficientes para lhe garantir permanentemente a maior parte dos votos proferidos em assembleia, ou um grupo de acionistas o qual se reúne[10] para somar uma participação

---

[8] Esta definição utilizada é uma adaptação da definição dada pela mesma Deliberação nº 642 da CVM para a expressão "transação com parte relacionada", também no seu item nº 9.

[9] Por razões econômicas e históricas as quais não encontram espaço para discussão no presente trabalho. Para maiores detalhes da discussão, vide: Demsetz, H.; Lehn, K. *The structure of corporate ownership: causes and consequences.* Journal of Political Economy, v. 93, 6, p. 1155-1177, Dec. 1985; Rogers, P. *et. al. Corporate Governance and Ownership Structure in Brazil: Causes and Consequences.* Journal of Corporate Ownership & Control. Disponível em: http://ssrn.com/abstract=976198.

[10] Normalmente por meio de um acordo, nos moldes do artigo 118 da Lei nº 6.404/76.

CONFLITO DE INTERESSES NAS COMPANHIAS

acionária que lhes assegure de forma estável a posição majoritária nas deliberações. Esta constante prevalência de voto deve servir à eleição da maioria dos administradores, à direção das atividades sociais e à orientação do funcionamento da companhia[11].

Com as ressalvas de algumas limitações ao exercício do poder de voto dos acionistas controladores[12], a posição acionária destes sócios lhes proporciona o poder de influenciar na deliberação de quase todas as matérias da companhia submetidas à votação[13].

Neste contexto, a distribuição da titularidade sobre as ações emitidas pelas companhias brasileiras listadas na Bolsa de Valores, potencialmente determina que as decisões negociais ocorram sob a disputa entre os interesses dos acionistas controladores e dos demais investidores, os minoritários, que pela lógica vigente[14] tendem a suportar o prejuízo das escolhas tomadas pelos primeiros em benefício próprio.

Novas regras de transparência e os benefícios privados do controle

A fim de diminuir os espaços para a extração dos benefícios privados que atendem aos interesses dos acionistas com voto predominante, os atores influentes na regulação do mercado trabalharam em torno de algumas medidas, sobretudo concentradas no incremento da transparência das informações obrigatórias divulgadas pelas sociedades listadas.

A exposição mais ampla sobre a tomada de decisões negociais permite que, ante a enorme possibilidade de os contratos serem celebrados sob conflito de interesses[15], a ocorrência ou a possibilidade de enfrentar este problema seja escancarada aos investidores. Assim, dessa transparência, se

[11] Conforme os requisitos previstos nas alíneas "a" e "b" do artigo 116 da Lei nº 6.404/76.
[12] Representadas pelas regras que atingem as deliberações tomadas sob conflito de interesses, assunto exposto em detalhe nos itens 2.1 e 2.2.
[13] Se o controlador não exerce diretamente o seu voto em benefício próprio, naquelas hipóteses em que o seu direito é limitado por alguma regra específica, ele pode influenciar a deliberação por meio dos administradores que elegeu, em regra, a maioria. Isso acontece até mesmo com aqueles ditos "independentes", que podem também serem apontados apenas pelo controlador. Para mais detalhes sobre a discussão, vide: Gelman (2012).
[14] Na qual os minoritários têm grandes chances de compor bloco vencido nas deliberações submetidas à votação.
[15] Em razão da distribuição da titularidade das ações no mercado brasileiro.

INTRODUÇÃO

espera um sensível desenvolvimento das práticas de governança voltadas à composição dos objetivos dissonantes, sobretudo por meio de mecanismos específicos servientes à identificação e ao combate dos abusos oriundos de decisões tomadas sob tais circunstâncias.

O respaldo legal dessas novas medidas é trazido pela Lei n° 11.638/07, a qual instituiu o método contábil do *International Financial Reporting Standards* (IFRS)[16]. Tal método pautou a criação de um novo instrumento de divulgação de informações periódicas[17], o "Formulário de Referência"[18]. Este instrumento dedica especial atenção à divulgação das instâncias objetivas de contratos celebrados entre partes relacionadas[19], bem como aos mecanismos, individualmente criados pelas companhias, voltados à identificação e tratamento dos conflitos de interesses antes da deliberação na qual potencialmente haveria a manifestação do voto conflitivo[20].

A divulgação dos termos materiais de contratos realizados entre partes relacionadas é obrigatória[21], enquanto a criação e adoção de algum tipo de mecanismo específico prévio à proposição ou a concretização destes negócios são voluntárias, posto que inexiste qualquer norma cogente que obrigue as companhias a fazê-las. Quer dizer, o IFRS apenas direciona a criação de um espaço para que as empresas listadas voluntariamente divulguem, ou não, ao mercado as suas próprias regras para enfrentar o problema dos conflitos de interesses em suas deliberações.

Com isso, deste novo espaço de divulgação, podem ser esperadas três atitudes das empresas listadas: que aproveitem a oportunidade para incrementar a transparência de suas informações, apresentando de forma organizada os seus dispositivos próprios ou que informem a inexistência de qualquer política aplicável ou ainda, que tomem a inovação legal como um incentivo para a criação de regras e mecanismos particulares.

---

[16] Este método contábil, no que tange a divulgação de informações societárias, passou a ser obrigatório para as companhias de capital aberto a partir do exercício financeiro de 2010, segundo o art. 1º da Instrução nº 457 da CVM. Para mais detalhes sobre o assunto, vide o subitem "b" do item 2.3 do presente trabalho.

[17] Em substituição do antigo "Informativo Anual" (IAN).

[18] Estabelecido nos moldes da Instrução nº 480 da CVM de 2009, mais detalhes são trazidos nos subitens "a" e "b" do item 2.3 do presente trabalho.

[19] No seu item 16.2.

[20] No seu item 16.1.

[21] Por meio do item 16.2 do Formulário de Referência, com base nas regras do Pronunciamento Técnico CPC 05 (R1), aprovado e tornado obrigatório pela Deliberação nº 642 da CVM.

Estrutura do trabalho

O trabalho é composto por dois blocos. O primeiro cuida do marco teórico; o segundo se atém ao tratamento da matéria no Brasil, percorrendo a legislação básica e o debate doutrinário, por fim, traz uma sugestão para o deslocamento de foco da discussão empregando como exemplo prático as transações entre partes relacionadas. Finalmente, o trabalho traz uma seção específica responsável por reportar as conclusões finais e a nova compreensão sugerida.

Capítulo 1
Conflito de Interesses – Aspectos Teóricos do Tema

Apresentação do capítulo

Esta seção do trabalho apresenta brevemente a delimitação teórica da temática "conflito de interesses". Parte-se de uma exposição geral da conceituação do problema nas decisões negociais da companhia e dos argumentos sobre "quem" são os afetados por estas transações, na sequência, o texto estreita a atenção nas formas de manifestação do conflito e no tratamento jurídico da matéria, finalizando com as preocupações contemporâneas da governança corporativa. A intenção do capítulo não é esgotar ou somar novos desenvolvimentos aos aspectos teóricos da temática, mas sim trazer os principais argumentos que tomam conta da discussão.

Para realizar tal empreitada, o capítulo responde a cinco questões gerais, divididas nos seguintes itens: 1.1 – O que se entende por negócios celebrados sob conflito de interesses? 1.2 - Quem são os sujeitos afetados pelas transações celebradas sob conflito de interesses? 1.3 – Por quais formas negociais estes conflitos se manifestam na prática? 1.4 – Como os abusos praticados nestes negócios têm sido juridicamente combatidos? 1.5 – De que modo as normas sobre transparência de informações e a preocupação com práticas de governança corporativa podem repercutir nos conflitos de interesses?

1.1. O que se entende por negócios celebrados sob conflito de interesses?

a. Interesse como a relação estabelecida entre bem e sujeito: multiplicidade e conflitos

Na medida em que o homem busca satisfazer as suas necessidades, ele se vale de alguns bens, posto que estes possibilitam ou desempenham determinadas funções indispensáveis ao seu objetivo. O interesse é justamente a relação entre o sujeito e o bem, apto a satisfazer sua necessidade (Novaes França, 1993, p. 15-16), por meio de algum papel que o primeiro subjetivamente atribui ao segundo.

Tomando a empresa como uma organização de bens apta a satisfazer necessidades humanas, temos a consequência prática de que, os objetivos dos vários envolvidos[22] na sua operação, em atenção às suas necessidades individuais, dão causa a diversos conflitos de interesses.

Entretanto, muitos destes conflitos são de um tipo considerado intrínseco e conatural à existência da sociedade empresarial[23], de modo que, a administração de tais embates chega a ser considerada por alguns como a função da pessoa jurídica (Salomão Filho, 2006, p. 90). Por isso, nem todos eles figuram como um problema legal saliente ao presente trabalho[24].

b. Conflito entre os interesses dos administradores e acionistas não controladores e conflito entre os interesses de acionistas controladores[25] e minoritários: problema jurídico

Os choques de interesses relevantes à temática escolhida se dão, respectivamente, entre os administradores eleitos e os acionistas da companhia

[22] Sócios, trabalhadores, credores, comunidade e etc. (Salomão Filho, 2006, p. 90).

[23] O autor se refere aos diferentes objetivos guardados pelos vários envolvidos nas operações desenvolvidas pela empresa, os quais variam em razão das diversas posições econômicas e jurídicas de tais agentes perante a sociedade listada, situação a qual "naturalmente" implicaria na variedade dos interesses (Salomão Filho, 2006, p. 90).

[24] O qual é atento exclusivamente na identificação ou administração dos conflitos de interesses nas instâncias deliberativas da companhia de capital aberto.

[25] As palavras "administrador(es)" e "acionista(s) controlador(es)", em algumas partes do texto, são empregadas de modo um tanto quanto repetitivo, porém, em prol da precisão terminológica da exposição, mantém-se o texto neste formato, sem a utilização de sinônimos.

CONFLITO DE INTERESSES – ASPECTOS TEÓRICOS DO TEMA

de capital pulverizado e entre os acionistas controladores e os acionistas minoritários[26].

Diferentemente dos outros participantes da vida empresarial, administradores e acionistas controladores tem por dever não trabalhar exclusivamente em razão de seus interesses particulares, protegendo a empresa do abuso daqueles que utilizam da estrutura corporativa em benefício próprio[27] (Vagts, 1989, p. 224).

Nesta linha, o problema jurídico do estudo decorre da possibilidade de um administrador eleito ou um acionista controlador ter a chance de tirar proveito particular, seja por meio de transações, injustas[28] e/ou fraudulentas, nas quais a sociedade da qual são beneficiários[29] figura como contraparte (Clark, 1986, p. 141), ou por uma ação negativa, percebida pela omissão na tomada de uma decisão, situação cuja inércia lhe beneficia e deixa de gerar riquezas aos demais interessados nas operações da empresa. Tais duas hipóteses nascem de razões de eficiência da operação do negócio ou em função da estrutura de propriedade.

Na primeira delas, os fundadores de um empreendimento empresarial enfrentam o fato de que sozinhos não são capazes de coordenar a atividade produtiva, por isso são obrigados a delegar cargos de gestão para pessoas com habilidades e conhecimentos específicos (Hansmann e Kraakman, 2004a, p. 11), lhes investindo certos poderes para o exercício da função.

Pela segunda, em um ambiente de alta concentração da propriedade acionária, um acionista controlador pode trabalhar por seus objetivos pessoais exercendo a maioria dos votos em assembleia e/ou garantindo a maioria decisória no conselho de administração e na diretoria, via eleição de administradores que representemos seus interesses.

---

[26] A explicação da origem e o desdobramento destes conflitos são trazidos na seção seguinte (1.2), especialmente no subitem "c", sobre o emprego da teoria da agência.

[27] Este comportamento contrário à utilização da empresa em benefício pessoal repousa em deveres gerais de conduta dos administradores e acionistas controladores. Por exemplo, aqueles trazidos nos artigos 154, 245 e no parágrafo único do artigo 116 da Lei nº 6.404/76.

[28] O adjetivo "injusto" utilizado ao longo do trabalho é uma tradução livre de "unfairness", o que em termos negociais tem o significado de um "negócio não equitativo", quer dizer, uma transação na qual uma das partes suporta um prejuízo na razão do benefício experimentado pela outra. Uma opção possível é o uso do termo "abusivo", o presente trabalho acompanha a tradução comumente utilizada por alguns textos brasileiros e emprega alternativamente estes dois termos.

[29] Quer dizer, da sociedade que ocupam a posição de administradores e/ou sócio.

Sob as circunstâncias das duas hipóteses, administradores eleitos e acionistas controladores podem deter poderes suficientes para agir de forma autônoma em benefício próprio (Nakajima, 1999, p. 05).

c. Natureza prática do conflito: unicidade do poder decisório

A natureza prática do conflito de interesses nas companhias se revela quando o administrador eleito ou o acionista ocupa dois papéis negociais ao mesmo tempo. Por um lado, age como um contratante particular ou tomador de decisão autônomo[30], situações nas quais trabalha e tem incentivos para atingir o seu melhor interesse pessoal e por outro lado, ocupa o papel do executivo representante da companhia, que tem o dever de trabalhar pelo melhor negócio no interesse econômico da empresa (Bainbridge, 2002, p. 307).

Assim, contratando de forma direta, quando o administrador ou o acionista transaciona ele mesmo com a sociedade, de forma indireta, quando por meio de uma entidade "procuradora" do seu interesse (Bainbridge, 2002, p. 307) ou sendo omisso em determinada situação, o fator distintivo em relação a outros negócios recorrentes da sociedade empresarial é o de que, apesar da transação ocorrer entre duas ou mais partes ou a ação negativa afetar sujeitos alheios ao tomador de decisão, tais condutas possuem apenas um responsável pela deliberação (Clark, 1986, p. 144), o administrador autônomo ou o acionista controlador.

d. Instauração do conflito pelo poder de oportunidade: problema do direito empresarial

Para a instauração do conflito de interesses basta que o tomador de decisão, sozinho, tenha a chance de realizar a sua vantagem pessoal por meio da celebração de um negócio com a empresa a qual é administrador e/ou acionista, ou por meio de uma ação negativa perante determinada situação. Quer dizer, basta que em razão de suas prerrogativas ou da predominância dos seus votos, tenha o poder de decidir em favor da celebração de um negócio que responda ao seu interesse pessoal ou, simplesmente, possa ser omisso quando lhe for conveniente.

---

[30] Quando tem a prerrogativa de ser omisso em determinada deliberação.

CONFLITO DE INTERESSES – ASPECTOS TEÓRICOS DO TEMA

Portanto, em favor do administrador e/ou acionista controlador, este poder de oportunidade para a retirada de benefícios privados, por meio de contratações realizadas com a companhia da qual são beneficiários ou pela simples omissão na sua função[31], proporciona as condições de existência do conflito de interesses como problema do direito empresarial.

1.2. Quem são os sujeitos afetados pelas transações celebradas sob conflito de interesses?

Para responder quais podem ser os sujeitos prejudicados com a celebração de negócios sob conflito de interesses a maior parte da literatura contemporânea do direito societário costuma empregar uma de duas linhas teóricas bastante conhecidas: as teorias sobre o interesse social ou a teoria da agência.

As teorias sobre o interesse social, nascidas no âmbito da literatura jurídica alemã e italiana[32], ocuparam e ainda ocupam em grande medida o debate da doutrina nacional. Já a teoria da agência, oriunda dos desenvolvimentos da economia[33], ainda é timidamente utilizada pelos autores brasileiros do Direito. Abaixo, o texto traz uma breve exposição destas duas propostas.

A apresentação pondera que, por trás da primeira delas existe uma complexidade político-histórica em seu desenvolvimento a qual é por vezes demasiadamente simplificada nos textos brasileiros, sugerindo a conclusão de que a segunda delas mostra um raciocínio mais simples e menos abrangente que, apesar disso, serve de subsídio ao estudo proposto no presente trabalho.

---

[31] Para que pese a importância da omissão destes agentes na formação do problema em estudo, o presente trabalho trata apenas da identificação e administração dos conflitos oriundos de decisões já tomadas ou em vias de sê-la.

[32] Vide: Capítulo II de Salomão Filho (2006).

[33] Sobretudo após a publicação do trabalho de Jensen e Meckling: *"Theory of the Firm: Managerial Behavior, Agency Costs and Ownership Structure"*, disponível em: http://ssrn.com/abstract=94043

a. Teorias do interesse social da empresa: breves apontamentos sobre o contratualismo e o institucionalismo

Uma empresa, por si só, não é capaz de manifestar o seu próprio interesse, quando assume a forma de uma entidade fictícia criada para atribuir existência e responsabilidade ao estabelecimento empresarial[34].

Contudo, a sociedade empresária não é uma entidade neutra, dado que a organização de bens em torno de uma atividade empresarial deve trazer consigo a defesa de algum interesse, o qual justifica a função da existência do empreendimento[35] (Salomão Filho, 2006, p. 25) em atenção à satisfação de alguma necessidade.

Nesta linha, quando a companhia é prejudicada pela extração de um benefício particular obtido por meio de um contrato desvantajoso celebrado com algum de seus beneficiários ou por conta de alguma omissão destes sujeitos, o interesse guardado na operação societária é afetado.

Para mostrar quem são os sujeitos de interesse prejudicado, duas teorias opostas sobre o conceito do interesse da sociedade empresária (Carvalhosa, 2003, p. 451) rivalizam a explicação: a teoria contratualista e a teoria institucionalista, ambas conceituadas e descritas segundo uma forma clássica e outra moderna.

Como o termo já indica, a teoria contratualista concebe a empresa como um contrato (Salomão Filho, 2006, p. 26). Quer dizer, o interesse social na proposta contratualista clássica deve ser depurado exclusivamente a partir da vontade dos sócios atuais[36] reunidos em torno do contrato ou estatuto social.

A apresentação do contratualismo moderno difere do clássico por acrescentar uma nova preocupação de ordem temporal, qual seja, a atenção voltada aos interesses dos futuros acionistas[37]. A dedicação a este objetivo

---

[34] Compreendido nos moldes do art. 1.142 do Código Civil: "Considera-se estabelecimento todo complexo de bens organizado, para exercício da empresa, por empresário, ou por sociedade empresária".

[35] A terminologia específica utilizada pelo autor é: "razão de ser das sociedades comerciais".

[36] Além destes sujeitos, nenhum outro se relaciona com a finalidade da companhia, a qual é reduzida ao atendimento dos interesses concretos e momentâneos das partes que integram o seu contrato (Carvalhosa, 2003, p. 452).

[37] De plano, este conceito causa certa estranheza, quando parece significar uma atenção ao futuro dos atuais sócios e não uma preocupação altruística em relação aos interesses de futuros sócios que venham a integrar a sociedade empresária. Contudo, apesar da primeira

específico que ultrapassa as vontades particulares[38] dos acionistas atuais possibilitaria a abstração de um interesse coletivo da companhia, voltado à rentabilidade futura e à preservação da empresa[39].

Com isso, a finalidade social seria cumprida quando os executivos, balizados pelo interesse coletivo da comunidade acionária, votassem e decidissem, de boa-fé e com lealdade na busca do "objetivo específico da companhia e [pela] (...) realização do lucro" (Carvalhosa, 2003, p. 457). Deste modo, seria possível atingir o desígnio material que amparou a criação da empresa, pela percepção do produto ou serviço oferecido, bem como o objetivo concreto do sócio, por meio do retorno de seu investimento no empreendimento.

Na outra ponta, a teoria institucional não busca o interesse social da empresa no seu âmbito contratual, mas sim no funcionamento de uma instituição a qual satisfaz necessidades de interesse público (Salomão Filho, 2006, p. 32).

A sua construção clássica buscava sustentar a função da macro empresa no desempenho econômico do país[40], de forma que o objetivo particular dos seus sócios e a realização dos lucros não importavam aos fins sociais[41].

opção parecer fazer mais sentido, o exercício argumentativo destes autores para amparar a necessidade de rentabilidade futura e da preservação da empresa é em defesa do segundo, quer dizer, a atenção é mesmo voltada ao interesse de possíveis futuros sócios que empresa venha a ter no futuro. Parece ser uma forma de compatibilizar a teoria contratualista com a lógica de preservação do empreendimento empresarial, sem que tal abordagem teórica possa servir de justificativa para o sacrifício da empresa em nome do interesse exclusivo dos sócios que a integram.

[38] As quais deveriam acabar por atender apenas a lógica da maximização de lucros particulares e imediatos (Salomão Filho, 2006, p. 30).

[39] Apesar da discricionariedade disponível aos votos e às decisões dos acionistas e administradores, eles devem levar em conta a superioridade do interesse coletivo dos sócios em relação aos seus interesses particulares (Carvalhosa, 2003, p. 457).

[40] O projeto de Estado alemão da primeira metade do século XX, por meio de sua legislação própria, e o Código Civil italiano de 1942, são recorrentemente citados pela doutrina nacional como os exemplos clássicos deste raciocínio. Vide: Carvalhosa (2003), na página 450; Salomão Filho (2006), página 30 e seguintes; Novaes e França (1993), página 31 e seguintes, entre outros.

[41] Duas jurisprudências italianas guiaram a interpretação institucionalista clássica naquele país e, por isso, mostram-se como bons exemplos desta proposta teórica, são elas: *Banca di Roma contra Immobiliare Algipa. Cass.* 20 de junho de 1958. n. 2.1448 e *Banca Commerciale Italiana contra Immobiliare Algipa. Cass.* 25 de outubro de 1958. n. 3.471 (apud Carvalhosa, 2003, notas nº 591 e 592, p. 450-451). Em suma, elas sustentam o raciocínio de que, havendo

CONFLITO DE INTERESSES NAS COMPANHIAS

Duramente criticada pelo respaldo da irresponsabilidade dos administradores que agiam apenas no interesse do Estado (Salomão Filho, 2006, p. 32), a versão moderna do institucionalismo apura o interesse social por meio de uma dimensão capaz de compor os interesses afetados pela primeira versão. Apesar da faceta publicística herdada da corrente clássica, entre os interesses atendidos estão agora os dos sócios do empreendimento empresarial[42].

Concebida como uma proposição de caráter integracionista (Salomão Filho, 2006, p. 34), ela soma aos interesses dos atuais e futuros sócios[43] os objetivos para a satisfação das necessidades dos trabalhadores e da coletividade afetada pelas operações da empresa.

b. À luz das teorias do interesse social, quem são os sujeitos prejudicados? Dificuldade no transplante das propostas e indefinição

Pela ótica do contratualismo clássico se o interesse dos sócios atuais, de forma unânime, for subtrair até o último recurso da empresa em privilégio de seus benefícios particulares, nem mesmo há que se falar em conflito de interesses. Como o interesse social diz respeito tão somente aos sócios presentes, pode ser revisto e desconsiderado por eles mesmos a qualquer momento, sem atenção a quaisquer necessidades de sujeitos externos à companhia[44].

"um conflito de interesses entre a companhia, sócios e administradores, torna-se manifesta a existência de um interesse da sociedade que é superior e distinto daqueles dos sócios (...) [sendo] perfeitamente configurável a hipótese de um conflito de interesses dela, sociedade, até mesmo com a totalidade de seus sócios" (Carvalhosa, 2003, p. 450-451).

[42] A desconsideração dos interesses dos sócios de empreendimentos privados também causa imediato estranhamento, quando a existência de negócios não estatais depende da opção de investimento de um particular. Quer dizer, se este sujeito privado não encontrar espaço para desenvolver e buscar os seus objetivos, provavelmente não realizará nenhum aporte de capital para criar ou financiar uma atividade empresarial. Por isso, considerar como um avanço o fato de que esta corrente passa a considerar o interesse do sócio é um tanto forçoso, esta adaptação soa mais como uma condição para que tal teoria seja capaz de dar conta da existência de um mercado privado.

[43] Interesses de base para o contratualismo moderno.

[44] Na medida em que o interesse social contratualista é considerado como resultado da soma das vontades individuais dos sócios, a extração de um benefício privado por apenas um deles seria uma fração da expressão do interesse do empreendimento. Por este raciocínio, a retirada

No institucionalismo clássico, a finalidade da sociedade empresarial vai além de qualquer dos objetivos dos seus sócios e passa a atender a um interesse econômico de ordem pública em nome de uma coletividade. Assim, a extração de um benefício privado configuraria evidente conflito entre os interesses da parte a qual se beneficia e os interesses de uma gama enorme de indivíduos, rotulados genericamente de "coletividade".

No contratualismo moderno se fala de um interesse coletivo dos atuais e futuros sócios, que ultrapassa as vontades individuais, concebendo um objetivo comum e indivisível da comunidade acionária. O institucionalismo moderno vai mais adiante e integra ao interesse social as necessidades e objetivos dos trabalhadores e da comunidade afetada pela sociedade empresária.

Nesta linha, no caso do contratualismo e do institucionalismo moderno, um negócio desvantajoso para a companhia causaria prejuízo, respectivamente, aos atuais e futuros sócios, e somados a estas duas hipóteses, aos trabalhadores e à comunidade afetada pelas operações da companhia.

Apesar das propostas teóricas tratadas oferecerem respostas pontuais, as quais se remetem a categorias definidas de sujeitos afetados, elas não servem a uma precisa descrição da realidade societária nacional. Isso parece se dar, sobretudo, por estas teorias possuírem raízes no desenvolvimento jurisprudencial europeu do início do século XX, em contextos históricos e políticos bastante peculiares da Alemanha e Itália[45].

De início, as manifestações clássicas do contratualismo ou do institucionalismo não encontram qualquer conexão com a realidade empresarial brasileira atual, quando estes extremos ou excluem dos bens da companhia qualquer valor alheio aos dos sócios ou quando excluem os objetivos destes proprietários do empreendimento empresarial privado.

Nas suas configurações atenuadas acabam por cair em definições muito abstratas, incapazes de apontar para uma resposta objetiva sobre "quem" pode ser prejudicado por negócios celebrados sob conflito de interesses.

A indeterminação latente de "futuros sócios", "trabalhadores" ou "comunidade afetada" provavelmente não se fez presente no ambiente em que

---

de benefício pessoal é legítima e em consonância com o fim social, qual seja, de atender aos interesses concretos e momentâneos dos sócios.

[45] Vale ressaltar que as teorias do interesse social não se esgotam ou se encerram nestas propostas do século passado. Autores europeus, inclusive italianos e alemães, ainda se dedicam ao estudo da temática, ocorre que a maior parte da doutrina brasileira ainda trabalha o assunto nos termos destas quatro propostas brevemente expostas no subitem "a" da presente seção.

CONFLITO DE INTERESSES NAS COMPANHIAS

se deu o desenvolvimento teórico de tais propostas. Quer dizer, a atuação das cortes europeias naquele contexto político e histórico específico deu substância aos conceitos que amparam tais raciocínios.

A falta de precisão do debate pátrio ocorreu e ainda ocorre, pois, a doutrina nacional tem comumente enfrentado a complexidade da determinação do conceito de interesse social da empresa por meio de um transplante imediato dessas teorias. Tal transplante implica no uso de categorias criadas em ambientes jurídicos diversos do brasileiro, diferença contextual que acaba por produzir concepções genéricas demais ou vazias para a nossa conjuntura. A resposta direcionada a uma ampla e indefinida gama de sujeitos não serve para a explicação aguçada da prática, já que acaba por abrigar significados muito díspares.

A adaptação destas teorias à explicação buscada demanda um estudo cuidadoso dos textos europeus fundadores da discussão, bem como da influência deles na dogmática jurídica nacional, a fim de tentar preencher mais precisamente o conteúdo dos rótulos empregados por ambas, contudo, esta empreitada não encontra espaço no presente trabalho.

c. Teoria da agência: resposta simples com estreitamento da abrangência

Para não pecar pelo uso de uma explicação demasiadamente aberta, como ocorre com o uso das teorias do interesse social, ou pela indefinição de uma linha de raciocínio que sirva a condução do trabalho, o emprego da teoria da agência aparece como uma boa opção.

Ao invés de buscar uma explicação capaz de conjugar todas as descrições do enorme leque de objetivos os quais hipoteticamente compõe o interesse social da empresa, a atenção é voltada para relacionamentos localizados, nos quais uma parte "principal" contrata um "agente"[46] para desempenhar alguma função em razão de seus interesses, delegando, a este, autoridade para a tomada de certas decisões (Jensen e Meckling, 1993, p. 04) e autonomia para o exercício de algumas funções.

---

[46] Os termos "principal" e "agente" são traduções literais de *principal* e *agent*, respectivamente. Talvez não sejam os termos mais adequados, contudo, são as traduções empregadas por alguns autores brasileiros da área, por esta razão, serão utilizados entre aspas ao longo do texto, o mesmo será feito com as suas variantes "principais" e "agentes".

CONFLITO DE INTERESSES – ASPECTOS TEÓRICOS DO TEMA

O objetivo buscado pelo "principal" depende das ações empreendidas pelo "agente", assim o problema de agência, ou "principal-agente", repousa no fato de que o segundo pode utilizar as suas atribuições para agir em interesse próprio, diverso daquele buscado pelo primeiro (Hansmann *et. al.*, 2004, p. 21).

Nesta linha, qualquer relação contratual, na qual uma parte promete certa performance para outra, guarda um potencial para ser objeto de um problema de agência, posto que a autoridade e autonomia atribuída ao "agente", pelo seu "principal", pode lhe dar subsídios para agir de maneira oportunista.

No âmbito das operações de uma empresa, são três os principais problemas de agência, tratados separadamente (Hansmann *et. al.*, 2004, p. 22): primeiro, entre os administradores eleitos e os acionistas da companhia de capital pulverizado; em segundo lugar, entre os acionistas controladores e os acionistas minoritários ou não controladores; por último, entre a própria companhia e terceiros com os quais contrata.

Na primeira categoria, o problema reside em assegurar que os administradores ("agentes") decidam em linha com os interesses dos acionistas que os elegeram ("principais"); na segunda, a dificuldade reside em impedir que os acionistas controladores ("agentes") trabalhem em benefício próprio e expropriem os acionistas minoritários ("principais"); na terceira, o problema recai na garantia de que a companhia ("agente") não se comporte de forma oportunista frente aos terceiros ("principal"), inadimplindo credores ou explorando seus trabalhadores.

A terceira categoria delineada acima sofre do mesmo problema de indeterminação das teorias sobre o interesse social[47], por isso, não é capaz de oferecer uma boa resposta para questão levantada no início do item. Entretanto, as outras duas servem bem ao propósito do presente tópico.

Sob a situação do primeiro problema de agência, um negócio celebrado sob conflito de interesses teria como contraparte da companhia um administrador eleito ou um terceiro o qual representasse os seus objetivos, os sujeitos potencialmente prejudicados seriam os vários acionistas que detém o capital disperso da sociedade.

No caso do segundo problema de agência, a celebração de um negócio sob conflito de interesses seria entre a companhia e o seu acionista

---

[47] Conforme tratado no subitem anterior "b".

controlador ou entre a companhia e uma entidade representante deste "agente". Os sujeitos que podem sair prejudicados por uma transação deste tipo são os acionistas minoritários ou não controladores da empresa.

A simplicidade da teoria reside em sua maleabilidade, quer dizer, não importa a definição precisa e comum a vários sujeitos de um interesse social da companhia. Pelo problema "principal-agente" descrito acima, em determinadas situações negociais haverá uma parte capaz de agir em benefício pessoal e outra a qual potencialmente deverá sofrer o prejuízo em razão da ação da primeira.

Assim, a teoria da agência, abandona a complexa tentativa de articular uma miríade de objetivos contrastantes[48] para definir um interesse social da empresa e passa a trabalhar com duas esferas relativas ao controle da dinâmica das relações supracitadas e, portanto, dos conflitos de interesses entre "principal" e "agente". Isto ocorre por meio do arranjo de incentivos que sejam suficientes para motivar o "agente" a agir em consonância com os interesses do "principal" e por meio de modalidades de monitoramento das ações do primeiro pelo segundo.

O estabelecimento destes incentivos e modelos de monitoramento implicam em custos, refletidos desde as políticas de remuneração da companhia até dispositivos de fiscalização dos comportamentos do agente (Jensen *et. al.*, 1993, p. 04)[49]. Por isso, a atenção dos estudos guiados por esta proposta teórica deve ser voltada à compatibilização da eficácia dos mecanismos que buscam a sintonia entre os interesses das partes potencialmente conflitantes e as despesas para o seu estabelecimento.

1.3. Por quais formas negociais estes conflitos se manifestam na prática?

As transações entre a companhia e os seus administradores e acionistas podem assumir as mais variadas formas e oferecer oportunidades, às vezes ainda nem imaginadas (Clark, 1986, p. 141), para que eles obtenham benefícios particulares.

---

[48] Como é feito pelas teorias mostradas no subitem "b" acima.

[49] Nota nº 1 da página 04 em Jensen *et. al.* (1993).

CONFLITO DE INTERESSES – ASPECTOS TEÓRICOS DO TEMA

Apesar da capacidade inovativa destes negócios, o conflito de interesses no eixo da relação "principal-agente"[50], costuma se manifestar por meio de algumas formas recorrentes (Clark, 1986, p. 142). Dois trabalhos cuidam da descrição destas hipóteses: Clark (1986) e Hertig, *et. al.* (2004).

O primeiro deles apresenta quatro grupos desses formatos negociais[51]: (a) os negócios entre a companhia e os seus administradores e acionistas em prejuízo dos "principais"[52]; (b) a política de remuneração dos administradores; (c) a tomada de propriedade da companhia por administradores e acionistas; e (d) as operações corporativas por motivos variados[53] (Clark, 1986, p. 142).

O segundo, com base nos quatro grupos acima[54], constrói duas categorias de negócios: as transações genéricas em busca de vantagens pessoais e as transações genéricas com potencial de apropriação indébita[55] (Hertig, *et. al.*, 2004, p. 102). Na primeira eles encaixam os grupos (a) e (b) supra, para a composição da segunda categoria, eles utilizam apenas o grupo (c), deduzindo outra possibilidade negocial, a de *insider trading*. Ao grupo (d) não oferecem atenção.

Então, aproveitando dos dois trabalhos citados, este item se dedica às descrições conceituais e das possibilidades de instauração de conflitos de interesses, entre a companhia e os seus administradores e/ou acionistas, nos seguintes grupos negociais: (a) negócios entre a companhia e os seus

---

[50] Primeiro, entre administradores eleitos e acionistas não controladores e, em segundo lugar, entre acionistas controladores e acionistas minoritários, conforme descrito no subitem "c" do item 1.2 acima.

[51] Respectivamente traduzidos de: (i) *basic self-dealing*; (ii) *executive compensation*; (iii) *the taking of corporate or shareholder property*; (iv) *corporate action with mixed motives*.

[52] Essa é uma tradução livre da expressão "*basic self-dealing*", que busca reproduzir a ideia de um negócio que beneficia os "agentes" ao invés daqueles que lhes depositaram confiança e determinadas prerrogativas para o pleno desenvolvimento das funções, seus "principais". Tal raciocínio é amparado pela definição de "*self-dealing*", trazida em Garner (2010), p. 1163: "*Participation in a transaction that benefits oneself instead of another who is owed a fiduciary duty*".

[53] Essa é também uma tradução livre da expressão "*corporate action with mixed motives*", que busca reproduzir a ideia de uma operação desencadeada pela companhia de capital aberto, após a decisão de um de seus representantes, que gera algum prejuízo aos "principais". Tal raciocínio é amparado pela definição de "*corporate action*" em TFD (2012): "*A corporate action is an event initiated by a public company that affects the securities (equity or debt) issued by the company. (...) [they] may have a direct financial impact on the shareholders or bondholders (...)*".

[54] Vide: nota nº 4, na página 102 de Hertig, *et. al.*, 2004.

[55] Respectivamente: *generic self-dealing transactions* e *generic forms of potential misappropriation*.

CONFLITO DE INTERESSES NAS COMPANHIAS

administradores e acionista sem prejuízo de seus "principais"; (b) política de remuneração dos administradores; (c) tomada de propriedade da companhia por administradores e acionistas e *insider trading* e (d) operações corporativas por motivos variados[56]. Por fim, traz quatro condições, estabelecidas pelo primeiro autor, para que tais formatos negociais ocorram de fato sob conflito de interesses.

a. Negócios entre a companhia e os seus administradores e acionistas em prejuízo dos "principais"

Este grupo contempla a celebração de modalidades negociais corriqueiras entre a companhia e os seus acionistas e administradores. Os autores trabalhados classificam tais possibilidades em três categorias: a compra e venda de ativos e imóveis dos administradores e acionistas; o aval da companhia em dívida contraída por um destes perante terceiros e os contratos celebrados com administradores e acionistas, com seus familiares e com empresas onde eles próprios ou seus parentes detenham participação (Hertig, *et. al.*, 2004, p. 102).

A instauração do conflito de interesses se dá quando o "agente" pode controlar as ações das duas partes envolvidas no contrato (Clark, 1986, p. 142), decidindo ou no mínimo influindo nos termos finais dos negócios em seu favor e, portanto, em prejuízo dos "principais".

A consequência prática disso é que o "agente" pode deixar predominar o seu interesse pessoal, exercendo o seu poder de oportunidade para a retirada de benefícios privados. Estes interesses particulares dos administradores e acionistas podem se manifestar, por exemplo, pelo preço excessivo pago aos seus bens (Clark, 1986, p. 142), ou ainda, pelos negócios fechados com companhias sob sua influência, em condições de preço e qualidade piores do que o encontrado no mercado (Hertig, *et. al.*, 2004, p. 102).

---

[56] Nenhum dos dois trabalhos citados trata da possibilidade de ocorrência do conflito de interesses em razão da ação negativa de um "agente", conforme tratado nos subitens "c" e "d" do item 1.1. Como a presente seção foi construída apenas com as modalidades trabalhadas pelos dois, a ação negativa referida acima não encontra espaço na exposição.

CONFLITO DE INTERESSES – ASPECTOS TEÓRICOS DO TEMA

b. Política de remuneração dos administradores

Assim como o primeiro, este grupo contempla negócios frequentes e inevitáveis entre os administradores e a companhia. A influência guardada pelos altos executivos nas ações da sociedade e nas barganhas de contratos celebrados pela empresa, não costuma ser mitigada quando o assunto é a fixação de sua remuneração.

Com isso, mais uma vez a instauração do conflito se deve à dupla posição ocupada por estes administradores, quando esta impede qualquer independência nos termos da negociação. Desta vez, a consequência prática apontada pelos autores está no grande risco de colusão entre os "agentes".

Determinados em extrair benefícios privados em conjunto, eles podem estabelecer altos valores para suas remunerações, obtendo como resultado um pacote excessivamente oneroso para a sociedade empresária (Silveira, *et. al.*, 2009, p. 08).

Em prejuízo dos "principais", os quais lhes concederam autonomia e prerrogativas suficientes para a fixação dos valores, o alto custo revela a ineficiente alocação de recursos, já que a política de remuneração não é construída com base nos valores de mercado (Clark, 1986, p. 144), mas sim no exercício do poder de oportunidade dos administradores em prol da retirada de benefícios pessoais.

c. Tomada de propriedade da companhia por executivos e *insider trading*

Diferentemente dos dois primeiros grupos, a extração de benefícios privados não se dá mais pela vantagem obtida no contrato celebrado entre acionistas e/ou administradores e a companhia. Neste grupo, a vantagem pessoal do "agente" se dá pela apropriação de valores da empresa e/ou dos demais sócios (Hertig, *et. al.*, 2004, p. 102).

A possibilidade genérica deste tipo ação depende de um "agente" que, utilizando da confiança e das prerrogativas de seu cargo, nele investidas pelos seus "principais", se apropria de uma oportunidade de investimento originariamente pertencente à companhia da qual é beneficiário (Silveira, *et. al.*, 2009, p. 08).

Já a chance de ocorrência da apropriação na modalidade de *insider trading*, depende do mesmo tipo de "agente" que, desta vez compra ou vende valores mobiliários da companhia baseado nas informações privilegiadas que detém (Silveira, *et. al.*, 2009, p. 08).

A instauração do conflito de interesses nas duas hipóteses trabalhadas pelos autores tem a sua fonte na mesma situação fática, o desvio e mau uso do prestígio e da influência dos "agentes" nas operações da companhia.

A consequência prática do exercício destes negócios é simples. No primeiro caso, os "principais" suportam o prejuízo, quando a empresa perde oportunidades de negócios para a figura de seu representante e, no segundo caso, os "agentes" se apropriam do valor de mercado da companhia, em detrimento dos demais investidores, quando compram papéis imediatamente antes de boas notícias e/ou os vendem antes das más[57] (Silveira, *et. al.*, 2009, p. 08).

d. Operações corporativas por motivos variados

O último dos grupos é objeto de atenção apenas do autor americano, trata-se de uma hipótese negocial genérica de ocorrência prática dificilmente verificável. A possibilidade trabalhada circula em torno da incompatibilidade entre a justificativa oferecida e a finalidade de fato da celebração de contratos e outros negócios conduzidos por algum dos acionistas ou administradores da sociedade empresarial.

A instauração do conflito de interesses reside na possibilidade de alguma dessas decisões negociais, aparentemente neutras, causar prejuízo para a companhia e ao mesmo tempo, revelar o seu real motivo, por meio de um benefício colateral experimentado pelo "agente" que optou, ou no mínimo, direcionou a sua escolha.

Um exemplo utilizado pelo autor é o do administrador que, receoso quanto à manutenção do seu emprego, influencia a companhia que representa a comprar, por um valor excessivamente alto, as ações de outra sociedade a qual visava incorporar a primeira e substituir todo o seu corpo diretivo (Clark, 1986, p. 146).

A consequência prática é a de que este "agente", em nome de seu interesse pessoal, mantém-se no cargo a custo de utilizar uma enorme reserva da empresa para a compra das ações, bem como de impedir a valorização dos papéis resultante da troca de controle.

---

[57] Notícias das quais se espera, respectivamente, valorização e desvalorização dos papéis.

A dificuldade de verificação desta hipótese negocial é a de que, apesar do motivo egoístico que embasou a decisão do administrador, ele pode utilizar as mais variadas justificativas para explicar a necessidade da operação efetuada.

e. Condições necessárias aos formatos negociais para a ocorrência do conflito de interesses

A mera coincidência da forma de um negócio com qualquer dos grupos trabalhados acima não é suficiente para afirmar que tal transação ocorreu sob, ou ainda manifestará, algum conflito de interesses.

O problema em estudo pode ser revelado com certa clareza mediante a satisfação de quatro condições pontuais (Clark, 1986, p. 147). O preenchimento das três primeiras indica a existência do conflito de interesses, o caráter não equitativo[58] ou economicamente injusto do negócio depende da observância de uma quarta condição.

A primeira delas é a de que deve existir uma transação entre aqueles que tem o seu interesse colocado em risco, agrupados na figura da companhia, e outra pessoa, física ou jurídica. No jargão da teoria da agência: uma transação entre o "agente", ele próprio ou velado por um terceiro, e a sociedade empresária, a qual abriga os interesses do "principal".

A segunda condição é de que a figura do "agente", um indivíduo sozinho ou um grupo de pessoas, tenha influência no processo decisório da companhia. Este ente deve ocupar a posição de conselheiro, diretor ou acionista controlador.

Na sequência, a terceira condição prescreve que tal "agente" tenha o seu interesse pessoal voltado aos benefícios que podem ser experimentados pela pessoa física ou jurídica que é contraparte da companhia, em prejuízo dos "principais".

Satisfeitas essas três condições, é possível afirmar a existência do conflito entre os interesses do "agente" influente nas decisões da empresa e o interesse dos "principais". Contudo, este tipo de negócio nem sempre é desvantajoso para a empresa, assim, a afirmação do prejuízo depende da quarta condição.

---

[58] Caráter "injusto" ou "abusivo", vide: nota nº 28 sobre a tradução.

Este último pré-requisito se refere ao caráter economicamente injusto ou não equitativo do negócio, o qual pode ser exposto por meio de dois instrumentos hipotéticos de análise: a comparação em relação a uma barganha feita junto à parte independente, selecionada dentro da companhia e a comparação por negócio junto à terceiro, no âmbito de mercado competitivo[59].

O primeiro instrumento serve em situações de ausência de um mercado competitivo, a comparação efetuada se dá, entre o negócio celebrado pela empresa com a parte de interesse conflitante e um negócio que poderia ser avaliado e firmado por um tomador de decisão racional, bem informado e independente ao conflito. Do outro modo, se o negócio foi celebrado no âmbito de um mercado competitivo, ele pode ser comparado com as possibilidades de negócio entre a empresa e terceiros que integram este mercado.

Por ambos, os instrumentos o negócio sob conflito de interesses será considerado economicamente injusto quando o seu resultado final for menos vantajoso para a companhia do que poderia sê-lo se contratado com as possibilidades hipotéticas utilizadas como referenciais (Bainbridge, 2002, p. 316).

1.4. Como os abusos praticados nestes negócios têm sido juridicamente disciplinados?

As estratégias jurídicas empregadas no combate aos abusos oriundos das transações realizadas sob conflito de interesses variam entre dois extremos, a proibição completa de negócios sob essas condições ou a total ausência de disciplina legal sobre a matéria (Silveira, 2009, p. 08).

A tendência do moderno direito societário aponta para a necessidade de monitoramento dos conflitos de interesses ao invés da proibição ou total desregulação destes negócios (Bainbridge, 2002, p. 308). Assim, na linha que une os dois extremos, existem formas intermediárias que servem ao tratamento do problema jurídico em estudo (Silveira, 2009, p. 09).

---

[59] Respectivamente: *"The arm's-length bargain comparison"* e *"The competitive market comparison"* (Clark, 1986, p. 148).

CONFLITO DE INTERESSES – ASPECTOS TEÓRICOS DO TEMA

Os autores da área apontam cinco modalidades existentes de uma ponta a outra desta linha: a proibição da realização de negócios sob conflito de interesses; a aprovação do negócio por executivos desinteressados; a aprovação do negócio por acionistas da companhia; a previsão legal de deveres fiduciários[60] voltados aos administradores e acionistas e a transparência obrigatória de informações relevantes (Hertig, *et. al.*, 2004, p. 103-114).

Todas estas construções encontraram amplo espaço de criação e modificação ao longo do desenvolvimento da jurisprudência nos Estados Unidos, desde o final do século XIX, período que abrigou, e ainda abriga, pioneirismo e sensibilidade dos reguladores e julgadores deste país na temática do conflito de interesses (Hopt, 2008, p. 57).

Apesar do problema de agência presente no Brasil ser diferente daquele encontrado nos EUA[61], a exposição do caso americano pode ser muito proveitosa, por dois motivos gerais. O primeiro é de ordem prática, existem muitos trabalhos que servem à construção teórico-jurídica da matéria, diferentemente do caso nacional[62], o segundo é o de que, o longo tempo disponível à discussão judicial da temática trouxe muita riqueza e com-

---

[60] O termo "fidúcia" remete-se às características necessárias para a construção da confiança a qual deve ser emprestada pelos "principais" aos seus "agentes" na condução dos negócios. Por dever fiduciário, entende-se o dever de o "agente" ter um tipo geral de conduta que não quebre a confiança nele depositada.

[61] Nos EUA há alta pulverização do capital das companhias abertas, de modo que o controle destas empresas não é exercido diretamente pelos seus acionistas, mas sim pelos seus administradores. Desta forma, os abusos cometidos nas transações realizadas sob conflito de interesses são faltas cometidas por estes administradores, tomados como "agentes" dos acionistas que os elegeram, entes os quais figuram como "principais". No Brasil, os problemas decorrentes dos conflitos de interesses se voltam, sobretudo, à figura do acionista controlador, entendido como "agente" dos acionistas minoritários, os quais, por suas vezes, são compreendidos como "principais". Portanto, no mercado americano o problema de agência, quer dizer, da sintonia entre os interesses das partes, se dá entre os administradores eleitos e os acionistas, no caso brasileiro, entre o acionista controlador e os demais acionistas, os minoritários. Uma discussão mais detalhada é trazida no subitem "c" do item 1.2.

[62] Um levantamento realizado na literatura nacional, dos trabalhos publicados até meados do ano de 2012, mostra que no Brasil existem seis trabalhos, no âmbito do direito, integralmente dedicados ao gênero "conflito de interesses", são eles: Camargo (2012); Spinelli (2012); Silveira *et. al.* (2009); Cunha (2007); Prado (2006) e Novaes França (1993). Adicionalmente, existem alguns artigos sobre espécies de problemas ligados ao tema do conflito de interesses, publicados em revistas especializadas ou capítulos de coletâneas temáticas. Para maiores detalhes e fontes de tais artigos, vide: Lazzareschi Neto (2008), páginas 202 e 203 nos comentários ao artigo 115 da Lei 6.404/76.

CONFLITO DE INTERESSES NAS COMPANHIAS

plexidade ao assunto, sendo possível visualizar um processo centenário de evolução.

Contudo, o progresso das modalidades supracitadas não é necessariamente cronológico, há uma inter-relação constante entre elas, quando surgem como negação ou em complemento às falhas da outra, bem como em resposta às necessidades do mercado. Visando uma abordagem didática, o presente item divide a exposição das estratégias jurídicas americanas[63] em uma sequência lógica, mas não obrigatória.

Para tal, serão então percorridos quatro grandes grupos: (a) a proibição da celebração de negócios sob conflito de interesses; (b) a aprovação do negócio por administradores ou acionistas desinteressados; (c) a possibilidade de revisão judicial do contrato, diante da quebra dos princípios de conduta pelos executivos e; (d) a transparência obrigatória de informações.

a. Proibição da celebração de negócios sob conflitos de interesses

Por volta de 1880 a regra geral nos Estados Unidos para enfrentar o problema dos conflitos de interesses era a proibição da celebração de qualquer espécie de contrato entre a companhia e os seus administradores[64] (Cary e Eisenberg, 1980, p. 565). A aprovação do negócio por administradores independentes, por acionistas ou a realização de qualquer teste de equidade não era suficiente para sustentar a legalidade da transação (Bainbridge, 2002, p. 308).

Este entendimento era baseado em dois argumentos centrais: o primeiro, sobre a impossibilidade de a mesma pessoa ocupar as posições das duas contrapartes ao mesmo tempo e o segundo, a respeito da dificuldade em isolar a influência de administradores ou acionistas no momento da validação de negócios por seus votos.

Sobre o primeiro, a ideia de fundo era que cada uma das posições contratuais guarda uma obrigação diferente da outra, de forma que a união delas

---

[63] As regras brasileiras, bem como a discussão teórica nacional, serão abordadas no próximo capítulo (2).

[64] O termo utilizado pelos autores é "*director*", sendo a expressão "*board of directors*" comumente traduzida pelos especialistas da área como "conselho de administração", traduz-se "*director*" neste trabalho como "administrador", a fim de não causar confusão com o cargo de "diretor" do art. 143 da Lei nº 6.404/76, cargo este englobado pelo rótulo "administradores", conforme o art. 138 da mesma Lei.

CONFLITO DE INTERESSES – ASPECTOS TEÓRICOS DO TEMA

proporcionaria a ocorrência de um conflito entre os interesses pessoais do administrador e os seus deveres oriundos do cargo.

De acordo com os votos sustentados pelas cortes[65], do modo que a humanidade é constituída, na maioria dos casos os deveres seriam superados pelos interesses de ordem pessoal (Cary *et. al.*, 1980, p. 565), levando prejuízo aos interesses guardados nas operações da empresa. Assim, por maior que fosse a boa-fé do executivo, estes contratos deveriam ser proibidos ou prontamente anulados pela companhia[66] (Bainbridge, 2002, p. 308).

O segundo argumento gravitava em torno da complexidade da tarefa de isolar a influência de um executivo sobre todo o corpo diretivo da companhia, formado por seus pares (Vagts, 1989, p. 235).

As cortes entendiam que dentro de um grupo tão fechado, o julgamento da equidade do negócio por um dos associados, mediante a abstenção da parte interessada, seria de pouquíssima confiança, dada a situação embaraçosa de fiscalizar e checar a justeza de uma proposta realizada por um dos colegas[67].

Diante da desconfiança acerca da independência e imparcialidade do tal administrador desinteressado, os juízes sustentavam que o risco de colusão ou conivência entre os representantes da companhia eram altos demais para permitir a celebração de contratos sob conflito de interesses.

---

[65] Um exemplo de uma decisão do tipo é encontrado no caso *Wardell vs. Union Pacific R.R. Co.*: *"It is among the rudiments of the law that the same person cannot act for himself and at the same time, with respect to the same matter, as agent for another, whose interests are conflicting (...). The two positions impose different obligations, and their union would at once raise a conflict between interest and duty; and 'Constituted as humanity is, in the majority of cases duty would be overborne in the struggle'."* (103 U.S. 651, 26 L.Ed. 509 (1880) apud Cary *et. al.*, 1980, p. 565)

[66] Um exemplo de uma decisão do tipo é encontrado no caso *Cuthbert v. McNeill*: *"a director of a corporation cannot deal with the corporation which he represents. It does not matter how much good faith may have been exercised on his part, his contracts with his corporation are voidable at the instance of the corporation – they will not stand if repudiated as contracts."* (142 A. 819, 820 (N.J.Ch.1928) apud Bainbridge, 2002, nota nº 4, p. 308)

[67] Um exemplo de uma decisão do tipo é encontrado no caso *Cumberland Coal and Iron Co. vs. Parish*: *"The remaining directors are placed in the embarrassing and invidious position of having to pass upon, scrutinize and check the transactions and accounts of one of their own body, with whom they are associated on terms of equality in the general management of all the affairs of the corporation"*, (42 Md. 598, at 606 (1875) apud Vagts, 1989, p. 566)

b. Aprovação do negócio por administradores ou acionistas desinteressados

Aparentemente não houve uma explicação comum a todas as cortes estaduais para o fato de que, a partir de 1910, a regra de total proibição da celebração de negócios sob conflito de interesses fosse continuamente flexibilizada, dando lugar a chance de aprovação da transação por administradores desinteressados (Cary *et. al.*, 1980, p. 567).

Alguns tribunais simplesmente admitiram que tal prática de validação contratual cresceu demais, tornando-se um problema muito frequente para ser enfrentado (Cary *et. al.*, 1980, p. 567). Tal situação decorreria, principalmente, do fato de que as companhias passaram a ter conselheiros e acionistas comuns, trazendo a consequência de que sempre haveria administradores interessados envolvidos nos negócios[68].

Com o argumento de que nem todos os contratos sob conflito de interesses são desvantajosos para a companhia, proibi-lo seria uma violação ao exercício da liberdade contratual da empresa (Bainbridge, 2002, p. 312). Então, a solução prática encontrada pelos tribunais foi a de flexibilizar a celebração destes negócios, em detrimento da sua vedação *per se*[69].

Quais tenham sido as variadas e demais motivações para o abandono do já arraigado entendimento, o qual apontava para a impossibilidade da independência de um administrador em relação ao corpo diretivo, o fato é que o desenvolvimento da jurisprudência convergiu para uma mudança técnica.

As cortes passam a admitir que, se os contratos celebrados sob conflito de interesses fossem aprovados pelos administradores desinteressados, seguindo um processo interno no âmbito da companhia, o judiciário, quando provocado, não poderia considerá-los injustos, fraudulentos ou anuláveis[70].

---

[68] Exemplo da verificação fatual das novas estruturas administrativas, no caso *Side Trust Co. vs. Washington Tin Plate Co.*: "*The interests of corporations are sometimes so interwoven that it is desirable to have joint representatives in their respective managements, and at any rate it is a not uncommon and [therefore?] not unlawful practice.*", (252 Pa. 237 at 241, 97 A. 450 at 451(1916) apud Cary *et. al.*, 1980, p. 568)

[69] Um exemplo de uma decisão do tipo é encontrado no caso *Robotham vs. Prudential Ins. Co. of America*: "*(...) theoretical rules have to give way to the practical necessities of business (...). In these days the relations of corporations to each other are exceedingly complex. Common directors abound, and common directors are better than 'dummies'.*", (64 N.J.Eq. 673, 53 A S-42 (1903) apud Cary *et. al.*, 1980, nota nº 21, p. 568)

[70] Um exemplo de uma decisão do tipo é encontrado no caso *Tenison vs. Patton*: "*we think it is not true that one who holds the position of director is incapable, under all circumstances, of divesting*

CONFLITO DE INTERESSES – ASPECTOS TEÓRICOS DO TEMA

Tal entendimento é a expressão da *business judgment rule*, orientação que impede os juízes de avaliarem e revisarem as decisões negociais dos administradores[71], sempre dirigidas e justificadas pelo seu valor econômico em favor da companhia (Bainbridge, 2002, p. 306).

Para o exercício desta ampla liberdade contratual, alguns requisitos deveriam ser obedecidos. Mais da metade dos administradores votantes tinham de ser externos ao conflito; que houvesse, por parte do interessado, divulgação dos termos da negociação; que não ocorresse abuso da posição pelo executivo e por fim, fosse mostrado o caráter benéfico do contrato para a companhia (Vagts, 1989, p. 235).

c. Possibilidade de revisão judicial do contrato

Por volta de 1960 houve uma nova reviravolta no comportamento das cortes americanas frente aos negócios celebrados sob conflito de interesses. A simples validação destas transações por administradores desinteressados, guiados por processos internos da companhia, não era mais suficiente para garantir a justeza dos negócios perante os interesses da sociedade empresária (Vagts, 1989, p. 237).

Fosse o negócio submetido à aprovação de administradores independentes, ou não, o judiciário, quando provocado, poderia agora submeter o contrato a uma minuciosa, rígida e cuidadosa análise. Se a avaliação da

---

himself of his representative character in a particular transaction, and dealing with the corporation through others competent to represent it, as other trustees may deal directly with the beneficiaries (...). But the company is represented by those who alone can act for it, and, if they are disinterested he can, we think, deal with them as any other trustee can deal with the cestui que trust, if he makes a full disclosure of all facts known to him about the subject, takes no advantage of his position, deals honestly and openly, and concludes a contract fair and benefical to the company." (95 Tex. 284, at 292-93, 67 S.W. 92 at 95 (1902) apud Cary *et. al.*, 1980, p. 567)

[71] Existe uma longa discussão sobre a possibilidade de haver revisão do judiciário quando se tratam de transações celebradas sob conflito de interesses, entretanto, a verificação da existência do conflito já é um problema em si, razão pela qual, na dúvida, esta orientação da *business judgment rule* opta pela não revisão das decisões negociais. No Brasil esta noção da aplicação jurisdicional fica em situação muito complicada. A literatura processual brasileira costuma trabalhar a atividade do Juiz por meio do "Princípio da Inafastabilidade da Jurisdição", quer dizer, nos moldes do art. 5º, inciso XXXV da Constituição Federal, um problema levado pelo cidadão ao Poder Judiciário, deverá por ele ser apreciado, ou seja, o Juiz não pode arbitrariamente deixar de decidir sobre determinada matéria.

CONFLITO DE INTERESSES NAS COMPANHIAS

corte encontrasse uma situação de desvantagem para a empresa, a transação poderia ser invalidada (Vagts, 1989, p. 237).

O julgamento da regularidade do negócio se dava com base nos componentes da dimensão de *fairness* do contrato, termo aqui traduzido como justiça ou equidade[72]. Então, se a análise do contrato mostrasse o oposto, *unfairness*, traduzido como injustiça ou falta de equidade, o contrato poderia ser invalidado.

Dito isso, fica fácil de compreender que o escrutínio judicial era baseado na busca de situações específicas capazes de demonstrar a injustiça ou falta de equidade do negócio, quer dizer, baseava-se na procura das características as quais compõe o caráter de *unfairness* do negócio analisado.

Sob pena de cair na subjetividade do conceito, uma regra que invoca o discernimento das características formadoras da situação de *unfairness* precisava transformar esta avaliação na busca de algo concreto a ser objetivamente testado (Vagts, 1989, p. 238).

Para tal, as cortes atrelaram a verificação de *unfairness* no negócio à comprovação da quebra dos deveres fiduciários dos administradores. Esta violação de deveres levaria prejuízo à companhia contraparte do negócio, em favor do benefício privado experimentado por aquele que decide ou influencia a celebração do negócio ao sabor de seu interesse.

Os referidos deveres dos administradores, de forma genérica e consensual para a literatura da área, compreendem as obrigações negativas de não ingressar em transação injusta ou fraudulenta na qual a empresa de que é beneficiário figura como contraparte e não se apropriar de forma indébita de qualquer ativo desta empresa (Hertig, *et. al.*, 2004, p. 114-115).

Frente a certa objetividade, a análise de *unfairness* segue então um padrão de identificação. Com atenção sobre o contrato celebrado em conflito de interesses, verifica-se primeiro a sua função em razão do objeto social da companhia, depois, a sua função econômica no interesse da mesma.

A verificação da função do negócio em razão da finalidade social inicia com a ressalva de que, diferentemente das pessoas físicas, as quais são livres para contratar tudo o que não for contrário à lei, as empresas não podem celebrar contratos desconexos do seu objetivo específico (Angell e Ames, 2005, p. 228), motivo o qual respaldou a criação da sociedade.

---

[72] Vide: nota nº 28.

CONFLITO DE INTERESSES – ASPECTOS TEÓRICOS DO TEMA

Deste modo, para o primeiro critério são realizados dois testes, mediante duas questões: o estatuto ou o contrato social da empresa permite a celebração da modalidade contratual sob análise? Se a resposta é positiva ou os documentos são silentes, pergunta-se, o contrato analisado, no mínimo de forma incidental, serve para o preenchimento do objeto de criação da sociedade empresarial (Angell *et. al.*, 2005, p. 231)?

A reprovação mostra um grave indício de *unfairness*, já que o negócio não seria ao menos permitido pela empresa ou relacionado às suas operações. A aprovação, entretanto, não o livra da desconfiança de servir apenas ao interesse privado do administrador contraparte da sociedade. Nesta sequência, o segundo critério visa testar a última suposição.

Tal como descrito na seção "e" do item 1.3, são empregados instrumentos comparativos capazes de confrontar a eficiência do valor contratado no negócio sob conflito de interesses com hipóteses de negócios que poderiam ser realizados por administradores independentes ou com terceiros participantes de um mercado competitivo.

Mediante o uso destes instrumentos, a função econômica do negócio não é observada quando o seu resultado final é menos vantajoso para a companhia do que poderia sê-lo se contratado com as hipóteses utilizadas na comparação (Bainbridge, 2002, p. 316).

Concluindo, a reprovação neste teste, ou ainda no primeiro, seria suficiente para a confirmação de que o contrato causa prejuízo ou é proibido pela empresa, consequentemente, que resulta da quebra dos deveres fiduciários do administrador contratante o qual firmou ou induziu a negociação nestes termos, por isso, é verificável o caráter de *unfairness* no negócio e, finalmente, é sustentável a irregularidade que serve para a revisão judicial do contrato.

d. Transparência obrigatória de informações

Quando o tratamento dos negócios celebrados sob conflito de interesses depende da avaliação de um indivíduo ou órgão externo a companhia, a divulgação de certas informações se torna um requisito indispensável para o acesso das decisões que serão objeto de julgamento e de possível revisão.

Trata-se de condição tão fundamental que a própria demanda de um investidor pela revisão judicial de uma transação, a qual parece ter sido feita em prejuízo da empresa, depende da disponibilidade de informações sobre os contratos celebrados pela companhia. Quer dizer, o conhecimento da

CONFLITO DE INTERESSES NAS COMPANHIAS

existência do conflito de interesses, fora do círculo das partes interessadas, só é possível mediante a transparência de informações.

O mesmo raciocínio vale para os subsídios úteis à revisão judicial e até mesmo para a aprovação de administradores ou acionistas desinteressados. Isto pois o embasamento técnico de qualquer avaliação depende dos dados disponibilizados pela empresa acerca dos negócios por ela celebrados[73]. É impossível bem avaliar ou advogar pela revisão de um contrato sem ter em mãos subsídios essenciais à análise, por isso, alguns autores chegam a situar a transparência obrigatória de informações como um princípio fundamental do direito societário (Hopt, 2008, p. 51).

Nesta linha, a medida de *fairness* dos contratos passa a variar junto com a qualidade das informações obrigatórias prestadas pelas empresas (Cary *et. al.*, 1980, p. 605), já que a verificação da primeira só pode ser alcançada por meio da acuidade dos subsídios disponibilizados pela segunda.

A transparência de informações é então incorporada como uma das facetas que servem como avaliação[74] do *fairness* contratual (Bauman, 1992, p. 84). Quando a divulgação do negócio tem falhas ou é insuficiente, evidencia-se o caráter de *unfairness* do negócio, quando é ampla e serve de subsídio àqueles que fiscalizam as ações da companhia, o oposto.

Pela sua utilidade vital ao balizamento das decisões de avaliadores ou revisores dos negócios celebrados sob conflito de interesses, a transparência obrigatória de informações se tornou uma das mais significativas estratégias para o enfrentamento do problema nos EUA[75] (Hertig *et. al.*, 2004, p. 103).

---

[73] A divulgação de informações sobre as instâncias da celebração do contrato permite, por exemplo, que revisores ou avaliadores visualizem se o conflito é manifestado de forma indireta, velado por um terceiro; se é camuflado por uma modalidade contratual, a qual guarda outra justificativa; se recai no preço irrisório de algum ativo da companhia ou se o objeto do contrato poderia ter sido mais bem negociado com outra contraparte, disponível em mercado competitivo.

[74] Somando-se aos critérios trabalhados no subitem anterior "c".

[75] Dois bons exemplos regulatórios acerca do papel central atribuído à divulgação de informações sobre os negócios realizados pela companhia, estão nas seções 310 (a) (3) e (b) (2) do *California Corporate Code* e 144 (a) (3) do *Delaware Code*. Ambos dispositivos tratam da obrigação do administrador, interessado no negócio, em divulgar de forma ampla e irrestrita todos os termos do contrato, sob pena de evidenciar o caráter de *"unfairness"* do negócio (Cary *et. al.*, 1980, p. 606).

1.5. De que modo as normas sobre transparência de informações e a preocupação com práticas de governança corporativa podem repercutir nos conflitos de interesses?

Um sistema jurídico dedicado ao tratamento dos negócios celebrados sob conflito de interesses não pode depender exclusivamente da transparência de informações voluntariamente escolhidas e construídas pelas companhias (Loss, 1984, p. 334). Esta impossibilidade se dá em razão de dois motivos gerais.

Primeiro, porque os responsáveis pela divulgação podem não estar dispostos a compartilhar tudo aquilo que interessa ao problema, selecionando apenas o que lhes seja conveniente. Tal omissão pode ter causa, por exemplo, no receio de oferecer informações úteis aos concorrentes e aos grandes fornecedores, ou ainda, no temor de prejudicar a reputação dos administradores, ao revelar opções negociais malfeitas ou fraudulentas (Fox, 1998, nota nº 4, p. 703).

Em segundo lugar, com base em razões muito semelhantes, a divulgação das informações pode ser desonesta, quando a sua confecção se dá com dados que falseiam as reais condições das transações efetuadas pela empresa.

Diante destas duas circunstâncias gerais, há uma alta probabilidade de que, sem o amparo de regras específicas, a divulgação de informações pelas sociedades crie subsídios insuficientes ao tratamento das transações celebradas sob conflito de interesses. Assim, em razão da importância da publicidade de determinadas informações[76], os sistemas legais contemporâneos trabalham o direcionamento da transparência das companhias por meio de duas estruturas: as regras jurídicas formais[77] e as práticas de governança corporativa (Conard, 1976, p. 318).

---

[76] Conforme argumentado nos subitens "c" e "d" do item anterior.

[77] O autor descreve a seguinte ideia: *"the pressures which the state imposes by taxation and regulation"*, chamando este grupo de regras pelo nome de *"government"*. Para conservar o sentido técnico na expressão, qual seja, de regras oriundas da administração pública ou regras estatais, a opção adotada foi a de traduzir o termo *"government"* como "regras jurídicas formais", o que significa regras emanadas de algum órgão público ou com competência específica para tal, delegada pelo Estado.

CONFLITO DE INTERESSES NAS COMPANHIAS

a. Regras jurídicas formais: transparência estrutural, organizacional e financeira

As denominadas regras jurídicas formais são de origem externa à sociedade, decorrentes das pressões que o Estado ou um órgão regulador do mercado[78] impõe aos empreendimentos empresariais, isso se dá por via de dois grupos: taxação ou regulação (Conard, 1976, p. 318). A característica regulatória é a que interessa diretamente ao tema do trabalho.

Em matéria de transparência, o advento da regulação proveniente do Estado[79] é o de que a divulgação de determinadas informações se torna obrigatória por meio de formatos genéricos preestabelecidos[80]. Estes formatos podem ser agrupados em três categorias: transparência estrutural, organizacional e financeira (Ebke, 2003, p. 178-195), vinculadas respectivamente, à divulgação da formação dos órgãos de administração da sociedade, da condução do trabalho dos administradores e dos resultados obtidos durante certo recorte de tempo.

A alta concentração da titularidade das ações no mercado brasileiro das companhias abertas[81] proporciona aos acionistas controladores a prerrogativa de eleger órgãos diretivos e deliberativos dependentes de sua figura[82], de modo que, potencialmente, existe o risco de que as operações conduzidas e aprovadas pelos administradores componentes de tais órgãos atendam prioritariamente aos interesses econômicos destes acionistas controladores.

Nesta razão, os temas tratados pelas três categorias de transparência supracitadas são particularmente importantes para a temática do problema dos conflitos de interesses no mercado nacional, dado que abrigam as normas e procedimentos dedicados à divulgação das instâncias que podem servir à condução da retirada de benefícios privados pelo controlador.

---

[78] Por exemplo: no Brasil, a "Comissão de Valores Mobiliários" (CVM) ou o regulamento de algum dos segmentos da BM&F Bovespa; nos EUA, a *"Securities and Exchange Commission"* (SEC).

[79] Ou de algum órgão regulador do mercado.

[80] De acordo com a lei ou regulamento que vincula a empresa.

[81] Vide: Introdução, no segundo item.

[82] Quando, nos moldes do art. 140 da Lei 6.404/76, tem a competência para eleger os membros do conselho de administração e, segundo o art. 143 da mesma Lei, tal conselho de administração formado pelo controlador, tem a competência para eleger os membros da diretoria.

CONFLITO DE INTERESSES – ASPECTOS TEÓRICOS DO TEMA

Conforme o argumento trazido no subitem "c", o aperfeiçoamento e o incremento dessas esferas de transparência pode ser um caminho para a mitigação do problema em estudo, assim, a fim de respaldar tal raciocínio, descreve-se abaixo cada uma das três categorias.

As regras componentes da primeira delas, a transparência estrutural, servem para formar arranjos cogentes na constituição e na competência dos cargos de alta-gestão[83]. Isto normalmente se dá via obrigatoriedade da inserção de conselheiros independentes[84]; fixação prévia de atribuições dos administradores e da necessidade de avaliação de certas atuações por auditoria externa.

Brevemente, os conselheiros independentes devem servir ao balanceamento das discussões e decisões colocadas em pauta, posto que, formalmente, são livres em relação aos administradores que podem agir em conluio na busca de benefícios privados. Estes últimos devem ter competências preestabelecidas pelos seus "principais" a fim de que não excedam os seus poderes e prerrogativas. Por fim, a auditoria externa, também independente em relação à administração da companhia, deve produzir relatórios que descrevam e avaliem as decisões tomadas pelos conselheiros e diretores.

Então, esta primeira categoria de regras, estrutural, cuida inicialmente da formação dos cargos de administração, de modo que o processo decisório seja conduzido de maneira isenta em relação aos interesses dos "agentes". Na sequência, toma conta de um meio independente para a publicação da condução deste processo.

Já as regras que compõem a segunda categoria, organizacional, dedicam atenção à disponibilização obrigatória, ao público em geral, de documentos capazes de divulgar informações básicas sobre a companhia. Tais informações compreendem a difusão de fatos relevantes ocorridos com a sociedade empresária e dos arranjos e tratativas internas ou perante terceiros capazes de dar origem a conflitos entre os interesses dos administradores e de seus "principais".

Rapidamente, a pronta divulgação de fatos relevantes entra em cena para evitar a utilização de informações privilegiadas pelo *insider*. Em

---

[83] Compreendidos aqui como assentos no conselho de administração ou cargo na diretoria da companhia.

[84] Para uma discussão detalhada sobre o tema, embasada em dados do mercado brasileiro das companhias de capital aberto, vide: Gelman (2012).

CONFLITO DE INTERESSES NAS COMPANHIAS

segundo lugar, quanto ao surgimento de conflitos de interesses por via de negociações com terceiros ou arranjos internos a companhia, as regras formais trabalham a obrigatoriedade da divulgação sobre a celebração de quaisquer modalidades contratuais entre a companhia e seus acionistas e administradores; a remuneração dos conselheiros e diretores; as instâncias em que estes foram eleitos e de eventuais processos que sofram devido a quebra de deveres fiduciários.

Assim, a segunda categoria de regras, transparência organizacional, atenta para a disponibilização de informações suficientes à avaliação de investidores da companhia e de terceiros, alheios a ela, sobre a conduta dos administradores. Com tais informações, estes investidores podem formar o seu entendimento acerca da manutenção ou retirada dos seus recursos financeiros, os sujeitos externos, sobre a oportunidade de aportar capital, ou não, e os agentes fiscalizadores, sobre a legalidade das operações realizadas pela empresa.

A plena observância das duas primeiras categorias de regras sobre transparência de informações torna possível o acesso às competências dos administradores e às condições do processo decisório no qual participa, bem como às linhas gerais da conduta destes "agentes".

Diante do descontentamento do investidor com uma dessas esferas, ele basicamente tem duas opções: a retirada do seu capital via mercado[85] ou o exercício do seu direito de reparação aos danos sofridos[86]. Ao órgão fiscalizatório responsável, fica a oportunidade para a aplicação das sanções específicas a cada tipo de infração legal cometida.

Tanto a reparação aos danos sofridos pelos "principais", quanto a aplicação de penas aos "agentes", são situações mais complicadas que a resolução pelo mercado, já que são imprescindíveis a prova do dano e da violação de lei, respectivamente. A terceira categoria, transparência de informações financeiras, é então a dimensão a qual dá substância à demanda do investidor, bem como à fundamentação das decisões dos órgãos regulatórios competentes, posto que oferece subsídios aos argumentos necessários a estes dois grupos.

---

[85] Desde que os papéis tenham liquidez suficiente, pois em um ambiente de alta dispersão acionária, a falta de liquidez impede a comercialização, do modo contrário, em um ambiente de alta concentração acionária, os papéis sem liquidez acabam sendo negociados por um valor muito baixo.

[86] Nos moldes da lei ou regulamento específico sobre o tema.

CONFLITO DE INTERESSES – ASPECTOS TEÓRICOS DO TEMA

Composta por regras atinentes à obrigatoriedade da divulgação de informações sobre a utilização dos recursos financeiros, este dever da companhia se expressa por meio de documentos, periodicamente disponibilizados ao público[87], os quais contém informações de ordem contábil. São estes dados técnicos que podem fazer prova da extração de benefício pessoal por algum "agente", em prejuízo de seus "principais" e em violação das regras específicas.

b. Governança corporativa e transparência: sistema serviente a pauta de atuação dos "agentes" e ao monitoramento pelos seus "principais"

Os anos 1980 foram palco do início de uma preocupação voltada ao comportamento dos administradores das grandes empresas, sobretudo por conta de uma série de acontecimentos na economia global[88] (Silveira, 2010, p. 04-05).

Esta preocupação recaiu, e ainda recai, justamente sobre os sujeitos ocupantes dos cargos de alta-gestão, pois eles são considerados como os detentores das melhores oportunidades para retirar benefícios pessoais das operações sociais, combinado com a vantagem de sofrerem poucos riscos de ter a fraude descoberta (Nakajima, 1999, p. 05).

Neste contexto, paralelamente ao desenvolvimento das regras sobre transparência das companhias, surge uma notável atenção à operacionalização das informações divulgadas, de modo que elas pudessem servir ao monitoramento das ações dos administradores (Ebke, 2003, p. 173-174). Então, em atenção a tal necessidade, uma forma de gerenciamento destas informações aparece como uma opção possível.

Na linha das três categorias tratadas na subseção anterior, a administração da transparência sobre: a constituição dos cargos de alta-gestão; acerca do processo decisório e das decisões negociais, e; por fim, relativa

---

[87] Segundo um modelo contábil específico, por exemplo, no Brasil, adota-se o *"International Financial Reporting Standards"* (IFRS), de acordo com a Lei nº 11.638 de 2007, tema tratado com detalhe no item 2.3, "a" do presente trabalho.

[88] Crescimento e ativismo de investidores institucionais; onda de aquisições hostis nos EUA; privatizações em países europeus e em desenvolvimento; desregulamentação e integração dos mercados de capitais; crise nos mercados emergentes no final do século XX; escândalos corporativos nos EUA e Europa e a crise financeira de 2008 (Silveira, 2010, p. 04-07).

CONFLITO DE INTERESSES NAS COMPANHIAS

aos resultados financeiros, mostra uma potencial capacidade de modelar a escolha do tomador de decisão.

Isto é presumível porque, um administrador médio, o qual não deseja ser acusado de realizar negócios em seu benefício particular, deve pautar a sua atuação respectivamente: pela competência a ele previamente estabelecida; na razão das informações que será obrigado a abrir acerca dos processos de escolha e dos termos materiais do contrato, e; em função do que deverá divulgar sobre o impacto financeiro causado pela transação.

Com isso, se a decisão em vias de ser tomada por este "agente" guardar a chance de ser questionada por meio de uma ou mais destas esferas, quer dizer, se correr o risco de ser anulada ou reformada, por exemplo, em razão de ser alheia à competência do administrador, por não ter sido observado o processo necessário ou por causar resultado financeiro negativo, em tese, não deve ser tomada para garantir que não sofra do questionamento indesejado.

Este cálculo racional para a tomada de decisões utiliza como fonte um sistema formado pela reunião das regras sobre transparência de informações, cuja interpretação delineia os poderes, as prerrogativas, os incentivos e as competências atribuídas aos acionistas e administradores na gestão da companhia, bem como as limitações e as proibições que atingem as suas funções (Conard, 1976, p. 318 e Fox, 1998, p. 703-704). Tal sistema é chamado no presente trabalho de "sistema de governança corporativa"[89], o qual visa refletir o conteúdo instrumental de um entendimento possível sobre o emprego da expressão "governança corporativa".

A finalidade desta proposta não é a de atribuir à "governança corporativa" um conceito fechado e aplicável em diferentes ambientes jurídicos, mas sim a de abandonar esta empreitada e descrever o seu conteúdo, como um reflexo da dinâmica sistêmica[90] entre as prerrogativas atribuídas aos

---

[89] Nenhum dos dois autores citados, Conard (1976) e Fox (1998), sustenta exatamente esta posição conceitual, a qual foi elaborada com base na combinação da descrição conceitual feita por ambos, individualmente.

[90] A insistência em descrever uma dinâmica sistêmica entre as esferas de divulgação de informações tratadas é a de evitar que a governança corporativa, sob a ótica do direito, seja compreendida como um conceito estanque o qual transmita um padrão de proibições e deveres fiduciários dos administradores. Variando em função dos tipos de informações demandadas, bem como da sua quantidade e qualidade, a substância do conceito existe em função da articulação do conteúdo disponibilizado a partir de cada uma das esferas de transparência,

CONFLITO DE INTERESSES – ASPECTOS TEÓRICOS DO TEMA

administradores, os incentivos para o cumprimento da função deles esperada, e os limites e proibições os quais atingem o cargo, no âmbito de cada ambiente legal, individualmente.

Então, essa dinâmica capaz de refletir o conteúdo prático abrigado pela expressão "governança corporativa", por meio da construção do hipotético sistema de governança, é o resultado de uma interpretação técnica das informações estruturais, organizacionais e financeiras. Por conseguinte, este sistema deve ser mutável na razão dos objetivos definidos pelas regras que servem ao "governo" da empresa em cada ambiente jurídico específico.

Por esta lógica, se o "agente", tomador de decisão, opta por um negócio no âmbito de suas prerrogativas, em resposta aos incentivos para o cumprimento de sua função e em sintonia com as disposições legais e regulamentares que o vinculam, ele realiza uma boa prática de governo da empresa dentro dos cálculos esperados pelo sistema de governança no qual o empreendimento está inserido, em linha com os objetivos de seus "principais".

Caso contrário se ele "erra na conta" e realiza uma má prática de governo da empresa, dá razões às reclamações dos investidores e à penalização por órgão responsável, pois tal prática não admitida no meio que está inserido chegará ao conhecimento dos interessados por via de alguma das obrigações de divulgação de informações da empresa, escancarando o problema "principal-agente".

Isso é possível e esperado, pois as mesmas regras de transparência que possibilitam o arranjo das informações as quais subsidiam o cálculo do administrador sobre as consequências de suas decisões, serve a disponibilização de dados acerca das instâncias do processo decisório, dos termos materiais e dos resultados financeiros de negócios celebrados pela sociedade empresária.

Deste modo, falar em pauta das ações dos administradores por meio da governança corporativa é falar do gerenciamento de informações estruturais, organizacionais e financeiras por estes executivos, com vistas a verificar se as decisões negociais a serem tomadas se encontram dentro dos limites do cálculo ideal para o meio empresarial no qual atua.

---

ou seja, exigências legais ou regulamentares diferentes para a divulgação de informações criam sistemas diferentes de governança corporativa.

CONFLITO DE INTERESSES NAS COMPANHIAS

Do outro lado, falar em monitoramento da atuação dos administradores por meio da governança corporativa é falar exatamente do mesmo procedimento, desta vez voltado a verificar se as decisões da alta-gestão não ultrapassam os limites delineados por tal sistema de governança corporativa.

c. Incremento das regras de transparência obrigatória em relação ao entendimento de governança corporativa adotado: efeitos na pauta decisória e no monitoramento dos "agentes"

Cabe ressaltar que, apesar da diversidade e generalidade dos conteúdos substanciais abrigados sob o conceito de "governança corporativa", eles geralmente têm a finalidade de sintetizar a reunião de regras voltadas à certas finalidades padronizadas de acordo com uma ótica a qual os autores pretendem expor ou defender[91].

O presente trabalho deixa de lado a busca de um prognóstico taxativo sobre o conceito e concentra os esforços nos estudos das esferas que afetam a dinâmica do sistema que preenche o seu conteúdo, relativamente ao tema específico de interesse, conforme discutido em mais detalhes no item 2.3, "d".

Na linha desta proposta, e sob o norte do raciocínio da teoria da agência, a exposição e discussão do sistema de governança corporativa convenientemente adota a ótica da defesa dos interesses dos "principais", acionistas não controladores e/ou minoritários[92], contra a extração de benefícios privados pelos administradores eleitos ou acionistas controladores, encarados como "agentes" dos primeiros.

Relativamente ao conteúdo substancial, propôs-se aqui que o sistema de governança existe a partir do gerenciamento das informações as quais

---

[91] Por exemplo, em Shleifer *et. al.* (1997 apud Silveira, 2010, p. 21) regras de governança servem à garantia do retorno dos investimentos, em La Porta (idem, p. 21) servem à proteção do investidor contra a ação de *insiders*, já em Monks *et. al.* (idem, p. 21) servem à segurança de que as questões importantes para empresa serão colocadas em pauta e adequadamente avaliadas e escolhidas no melhor interesse da empresa.

[92] Conforme já mencionado, no caso do mercado brasileiro das companhias de capital aberto, o principal problema "principal-agente" em potencial ocorre entre acionistas controladores e minoritários, mas já há de se considerar possibilidade de vivenciarmos o problema comum das companhias de capital pulverizado, entre administradores eleitos e os acionistas não controladores.

CONFLITO DE INTERESSES – ASPECTOS TEÓRICOS DO TEMA

atingem a dinâmica decisória da alta-gestão da companhia[93], servindo ao cálculo racional do tomador de decisão e ao subsídio do monitoramento destes administradores por acionistas da sociedade listada, investidores e terceiros interessados.

Nessa razão, o incremento e o aperfeiçoamento das regras obrigatórias de transparência podem ser justificados por dois efeitos positivos à defesa dos interesses dos "principais" (Fox, 1998, p. 704-705). Primeiro, em relação à pauta disponível ao executivo e depois à fiscalização dos órgãos diretivos e deliberativos da companhia.

Ambos os efeitos decorrem do fato de que regras mais constringentes sobre a divulgação de informações devem trazer maior riqueza e qualidade às informações produzidas e publicadas pelas companhias e, por conseguinte, a administração destes dados permite um estabelecimento mais detalhado dos limites do sistema de governança.

Com isso, melhor informado, o administrador pode realizar uma avaliação mais precisa sobre quais decisões negociais são consideradas boas ou más práticas de governo da empresa em relação ao sistema de governança no qual o empreendimento está inserido, o que diminui as chances da decisão racionalmente abalizada de um executivo médio ser questionada por buscar objetivos alheios e em prejuízo dos seus "principais".

Para os acionistas não controladores, investidores e terceiros interessados, o incremento das regras de transparência obrigatória pode se mostrar, primeiramente, como um mecanismo de diminuição dos custos de agência, e depois como uma maneira de tornar mais preciso os julgamentos decorrentes do monitoramento da atuação dos administradores.

Relativamente ao primeiro efeito, no caso de um mercado acionário tal qual o brasileiro, onde predominam companhias controladas por sujeitos que detém grande parte da titularidade das ações[94], se a confecção e divulgação de informações suficientes à fiscalização do acionista controlador e dos órgãos administrativos por ele constituídos não for uma obrigação da companhia, todos os custos para a sua produção devem recair sobre os interessados.

---

[93] O qual revela as competências, prerrogativas, incentivos, limitações e proibições às ações e decisões dos acionistas e administradores.

[94] Vide: Introdução, no segundo item.

CONFLITO DE INTERESSES NAS COMPANHIAS

Por isso, regras mais constringentes sobre a divulgação obrigatória de informações voltadas às sociedades listadas, podem deslocar o centro de custo de sua produção, dos acionistas minoritários, demais investidores e eventuais interessados para a companhia aberta. No cenário do mercado nacional isso gera uma imediata redução nos custos[95] dos atores de mercado que não ocupam a figura de acionistas controladores.

Tomando estes acionistas controladores como "agentes" dos demais investidores do empreendimento empresarial[96], o mencionado deslocamento da produção de informações representa a diminuição dos custos de agência antes suportados pelos "principais"[97].

Quanto ao segundo efeito, temos que, de posse destes subsídios mais minuciosos, o monitoramento dos administradores e acionistas deve aferir com melhor acuidade se as suas decisões negociais não rompem as fronteiras do sistema de governança, quer dizer, se são tomadas dentro dos limites impostos por seus poderes, competências, incentivos e vedações.

Por fim, é plausível afirmar que, maior a quantidade e precisão das informações a serem obrigatoriamente divulgadas sobre a atuação dos "agentes", maior o *accountability* imposto aos executivos, o que torna mais aguda a ameaça de constante exame das suas escolhas.

O efeito esperado sobre a conduta de acionistas, conselheiros e diretores racionalmente orientados é o de que se tornem mais avessos à tomada de decisões questionáveis pelos seus "principais", tal comportamento deve ser pautado pelas melhores práticas dentro do sistema de governança corporativa do ambiente negocial e jurídico que abriga a companhia.

---

[95] Fala-se em redução e não em extinção, pois parte-se da hipótese que este custo nunca será igual a zero (Jensen *et. al.*, 1993, p. 04).

[96] Para mais detalhes, vide: item 1.2, "c".

[97] Em casos mais agudos nos quais não houvesse coordenação suficiente dos interessados para a produção de uma informação demasiadamente custosa, é cogitável a hipótese de que ela não chegaria a existir, por isso, o deslocamento da confecção de certas informações para um dever a ser cumprido pela companhia emissora de ações, pode significar o acesso à dados que antes não fariam parte do rol de informações disponíveis aos interessados nas operações da empresa.

Capítulo 2
Conflito de Interesses no Brasil – Lei 6.404/76, IFRS e a Sugestão de Um Novo Foco para o Debate

Apresentação do capítulo

Esta seção do trabalho apresenta dois assuntos interligados: o aparato legal brasileiro voltado ao tratamento dos conflitos de interesses e uma crítica possível ao atual debate da literatura nacional dedicado a tais regras.

O texto parte de uma exposição das normas gerais que atingem administradores e acionistas, trazidas pela Lei nº 6.404 de 1976. Na sequência, a atenção é voltada para as estratégias da LSA e ao debate da doutrina brasileira centrado em uma delas, discussão que gerou a clivagem pelo entendimento do conflito "formal" ou "substancial". Brevemente estabelecido o campo tradicional da discussão nacional, o texto passa a tratar da inovação trazida pela Lei nº 11.638 de 2007, relativamente à adoção do IFRS "*International Financial Reporting Standards*", de modo a fazer uma sugestão de deslocamento do atual debate para outro centro temático, qual seja, o da transparência de informações em sintonia com o novo método contábil obrigatório.

Para realizar a empreitada, o presente capítulo responde quatro questões gerais, divididas nos seguintes itens: 2.1 – Quais são as regras da Lei nº 6.404/76 dedicadas aos administradores e acionistas nas situações negociais em que se encontram sob de conflito de interesses? 2.2 – Quais são as estratégias destes dispositivos da Lei nº 6.404/76 e qual é a direção colocada pelo debate da literatura nacional na interpretação deles? 2.3 – O debate tradicional se acomoda à nova contabilidade pós IFRS ou a

CONFLITO DE INTERESSES NAS COMPANHIAS

discussão sobre o conflito de interesses merece um novo enfoque? 2.4 –
Como o raciocínio sugerido pode ser exemplificativamente aplicado às
transações entre partes relacionadas?

2.1. Quais são as regras da Lei nº 6.404/76 dedicadas aos acionistas e administradores nas situações negociais em que se encontram sob de conflito de interesses?

Conforme o exposto no item 1.3 do primeiro capítulo, as transações entre a companhia e os seus administradores e acionistas controladores, as
quais podem servir à extração de benefícios privados por estes "agentes",
assumem alguns formatos recorrentes. Tais formas negociais são regula-
das por diplomas legais específicos, por exemplo, deliberações da CVM[98],
resoluções do Banco Central[99] e leis ordinárias[100]. A importância da Lei nº
6.404 de 1976 reside no fato de ela ser o regulamento obrigatório comum
a todos os negócios, bem como a todas as suas regras particulares[101].

Abaixo, o texto traz alguns artigos da LSA direcionados ao regramento
das decisões de acionistas e administradores, na forma de deveres fiduciários
gerais e vedações específicas à prática de certos atos. Para cada artigo de lei
citado, são feitas breves exposições dos conceitos e determinações expressas
que servem ao atual debate técnico brasileiro, tratado no item 2.2.

---

[98] Por exemplo, no caso dos negócios entre a companhia e seus administradores e/ou acionistas controladores (transação entre partes relacionadas), nos moldes da Deliberação 642 da CVM de 2010.

[99] Por exemplo, no caso da remuneração dos administradores de instituições com funcionamento autorizado pelo BACEN, nos moldes da resolução do Banco Central nº 3.921 de 2010.

[100] Por exemplo, no caso de *insider trading*, nos moldes da Lei nº 6.385 de 1976 em seu artigo 27-D.

[101] Seguindo os exemplos do texto, as regulações criadas pela CVM, nos moldes do art. 8º, inciso I da Lei nº 6.385 de 1976, devem observar expressamente as diretrizes da Lei das Sociedades por Ações (6.404/76); o Banco Central, de acordo com o art. 9º da Lei nº 4.595 de 1964, deve cumprir as disposições expedidas pelo Conselho Monetário Nacional, o qual, por sua vez, nos moldes do art. 4º, inciso XXI da mesma lei, deve disciplinar a atividade das Bolsas de Valores, sendo que, o CMN na linha o inciso IV do art. 3º da Lei nº 6.385/76 é obrigado a manter coordenadas as atividades do BACEN e da CVM; quanto a outras leis ou diplomas emanados pelo Poder Público, deve-se observar a hierarquia em relação a uma lei ordinária (caso da LSA) e a especialidade temática, quando a Lei nº 6.404/76 é a norma mais específica sobre as sociedades por ações.

a. Regras dedicadas aos acionistas: artigos 115, 116 e 117

Importante regra dedicada às decisões tomadas pelos acionistas da companhia é trazida pelo artigo 115, em seu caput e § 1º:

> Art. 115. O acionista deve exercer o direito a voto no interesse da companhia; considerar-se-á abusivo o voto exercido com o fim de causar dano à companhia ou a outros acionistas, ou de obter, para si ou para outrem, vantagem a que não faz jus e de que resulte, ou possa resultar, prejuízo para a companhia ou para outros acionistas.
>
> § 1º o acionista não poderá votar nas deliberações da assembléia-geral relativas ao laudo de avaliação de bens com que concorrer para a formação do capital social e à aprovação de suas contas como administrador, nem em quaisquer outras que puderem beneficiá-lo de modo particular, ou em que tiver interesse conflitante com o da companhia.
>
> [...].

Além de "interesse da companhia", o qual teve suas teorias brevemente expostas no item 1.2, outro conceito importante presente no caput é o de "voto abusivo". Sua ocorrência prática se dá quando um acionista exerce o seu voto contra a companhia e/ou os demais sócios (Cunha, 2007, p. 264), a fim de causar dano ou visando um benefício privado por meio da obtenção de vantagem ilícita. Ambas as situações potencialmente resultam em prejuízos para a companhia e/ou para os demais acionistas (Carvalhosa, 2003, p. 458).

Na sequência, a primeira parte do artigo 115, § 1º da LSA traz duas importantes proibições expressas ao exercício de voto do acionista, quais sejam, nas deliberações assembleares sobre o "laudo de avaliação de bens com que concorrer para a formação do capital social e à aprovação de suas contas como administrador".

Somadas as duas hipóteses acima, a parte final do § 1º traz mais duas situações onde o acionista não pode votar: aquelas "que puderem beneficiá-lo de modo particular, ou em que tiver interesse conflitante com o da companhia"[102]. Opostamente às hipóteses concretas da primeira parte,

---

[102] Vale ressaltar que nenhuma dessas duas últimas hipóteses (sobre o benefício particular e o interesse conflitante) proíbe a celebração de negócios entre a companhia e os seus acionistas

CONFLITO DE INTERESSES NAS COMPANHIAS

a indeterminação destes dois últimos casos fomenta o principal debate dogmático da literatura nacional sobre a temática[103], a verificação formal ou substancial dos conflitos de interesses, tratadas em detalhe no próximo item.

Uma segunda regra, particularmente importante ao mercado brasileiro de alta concentração da propriedade acionária, é trazida pelo artigo 116:

> Art. 116. Entende-se por acionista controlador a pessoa, natural ou jurídica, ou o grupo de pessoas vinculadas por acordo de voto, ou sob controle comum, que:
>
> a) é titular de direitos de sócio que lhe assegurem, de modo permanente, a maioria dos votos nas deliberações da assembléia-geral e o poder de eleger a maioria dos administradores da companhia; e
>
> b) usa efetivamente seu poder para dirigir as atividades sociais e orientar o funcionamento dos órgãos da companhia.
>
> Parágrafo único. O acionista controlador deve usar o poder com o fim de fazer a companhia realizar o seu objeto e cumprir sua função social, e tem deveres e responsabilidades para com os demais acionistas da empresa, os que nela trabalham e para com a comunidade em que atua, cujos direitos e interesses deve lealmente respeitar e atender.

O seu caput, combinado com as alíneas "a" e "b", atenta ao estabelecimento de um conceito para a figura do "acionista controlador". Tal ente é concebido como um acionista ou um grupo de acionistas, normalmente[104]reunidos por convenção de voto[105], que detém a maioria das ações votantes, o que lhe permite o exercício permanente da posição majoritária nas deliberações de assembleia e nas eleições dos administradores. Essas prerrogativas são consideradas suficientes para que na prática o sujeito

---

ou administradores, tais disposições servem apenas à limitação do exercício do direito de voto dos "agentes" em situações específicas.

[103] Vide: Salomão (2006) na nota nº 16, página 99 e Cunha (2007), página 275.

[104] Utiliza-se o termo "normalmente", pois a convenção de voto formalizada por um acordo de acionistas não é obrigatória para a caracterização de um grupo de controle o qual vota em conjunto. Por exemplo, acionistas individuais de uma mesma família podem estar reunidos por um acordo informal, suficiente para caracterizá-los como um grupo de controle.

[105] Se presente, se dá nos moldes do artigo 118 da Lei nº 6.404/76.

que detém o poder de controle possa sozinho dirigir as atividades sociais e o funcionamento da empresa.

A importância para o caso nacional reside no fato de a maior parte das companhias brasileiras de capital aberto possuírem um acionista controlador[106], nesta medida a Lei nº 6.404/76 apresenta regramentos específicos para o voto deste "agente", diferenciando-o claramente dos outros sócios da empresa (Carvalhosa, 2003, p. 501).

Ainda no artigo 116 em seu parágrafo único, há previsão de um dever geral de cuidado que este ente corporativo deve observar no exercício do poder, especificamente em relação à própria companhia, aos demais acionistas e em relação aos trabalhadores e a comunidade na qual opera. Tudo isso, atentando ao objeto social e a função social do empreendimento empresarial.

A indeterminação de comportamentos concretos em privilégio da imposição de deveres fiduciários do artigo 116, parágrafo único, não é repetida no artigo 117, o qual, em seu § 1º, propõe um rol exemplificativo (Carvalhosa, 2007, p. 503) de atuações consideradas como abuso do poder de controle.

> Art. 117. O acionista controlador responde pelos danos causados por atos praticados com abuso de poder.
>
> § 1º São modalidades de exercício abusivo de poder:
>
> a) orientar a companhia para fim estranho ao objeto social ou lesivo ao interesse nacional, ou levá-la a favorecer outra sociedade, brasileira ou estrangeira, em prejuízo da participação dos acionistas minoritários nos lucros ou no acervo da companhia, ou da economia nacional;
>
> b) promover a liquidação de companhia próspera, ou a transformação, incorporação, fusão ou cisão da companhia, com o fim de obter, para si ou para outrem, vantagem indevida, em prejuízo dos demais acionistas, dos que trabalham na empresa ou dos investidores em valores mobiliários emitidos pela companhia;
>
> c) promover alteração estatutária, emissão de valores mobiliários ou adoção de políticas ou decisões que não tenham por fim o interesse da companhia e visem a causar prejuízo a acionistas minoritários, aos que trabalham na empresa ou aos investidores em valores mobiliários emitidos pela companhia;
>
> d) eleger administrador ou fiscal que sabe inapto, moral ou tecnicamente;

---

[106] Vide: Gorga (2008) páginas 527-536.

CONFLITO DE INTERESSES NAS COMPANHIAS

e) induzir, ou tentar induzir, administrador ou fiscal a praticar ato ilegal, ou, descumprindo seus deveres definidos nesta Lei e no estatuto, promover, contra o interesse da companhia, sua ratificação pela assembléia-geral;

f) contratar com a companhia, diretamente ou através de outrem, ou de sociedade na qual tenha interesse, em condições de favorecimento ou não equitativas;

g) aprovar ou fazer aprovar contas irregulares de administradores, por favorecimento pessoal, ou deixar de apurar denúncia que saiba ou devesse saber procedente, ou que justifique fundada suspeita de irregularidade.

h) subscrever ações, para os fins do disposto no art. 170, com a realização em bens estranhos ao objeto social da companhia.

[...].

Como essas hipóteses de atuação não necessariamente ocorrem no âmbito da assembleia geral, o texto legal não trata da proibição de voto nas situações elucidadas pelas alíneas do artigo 117, § 1º, entretanto, como o "acionista controlador" é uma espécie do gênero "acionista", as vedações do exercício deste direito constante no § 1º do artigo 115, se aplicáveis, devem servir também a esta figura de direito.

Além da chance de ser um evento externo à deliberação na assembleia de acionistas, a técnica legislativa deve ter levado em conta que a maioria dos atos abusivos listados são verificáveis apenas depois de sua ocorrência[107], assim, a proibição anterior de voto do controlador não encontraria espaço na realidade.

Mais razoável então é assegurar que o "acionista controlador responde pelos danos causados por atos praticados com abuso de poder", por óbvio, sem excluir as possibilidades onde o exercício de seu voto possa ser vedado anteriormente a deliberação sob conflito de interesses, quando o potencial dano é facilmente verificável *a priori* (art. 115, § 1º).

---

[107] Talvez, duas exceções, as quais podem ser verificáveis *ex ante*, sejam as previstas nas alíneas "b" e "f".

b. Regras dedicadas aos administradores: artigos 153, 154, 155, 156 e 245

Os conselheiros e diretores da companhia podem também ocupar o papel de acionistas minoritários ou controladores, motivo pelo qual um mesmo sujeito pode ser vinculado aos deveres de ambas as categorias[108].

De maneira semelhante às regras dedicadas aos acionistas, as normas específicas voltadas aos administradores trazem a previsão de alguns deveres fiduciários gerais acompanhados de pontuais proibições. A primeira regra relativa importante aos deveres de conduta dos administradores é trazida pelo artigo 153:

> Art. 153. O administrador da companhia deve empregar, no exercício de suas funções, o cuidado e diligência que todo homem ativo e probo costuma empregar na administração dos seus próprios negócios.

A ideia central trazida por este texto legal é a necessidade do emprego de "cuidado e diligência" nas atividades desenvolvidas pelo administrador da companhia. Logicamente, um conceito tão aberto quanto este ensejou diferentes interpretações da jurisprudência e da literatura especializada, que buscaram apoio nas mais diversas fontes, desde os autores clássicos do direito até os entendimentos da lei estrangeira[109].

A técnica legal utilizada não foi a de listar as características formadoras de uma conduta diligente, mas sim a de estabelecer um amplo padrão de comportamento. Tal *standard* gravita em torno do zelo no cumprimento de um dever, o que demanda uma atuação cuidadosa do administrador direcionada a um resultado buscado pelos seus "principais", quer dizer, um padrão baseado em uma obrigação de meio a qual deve ser necessariamente observada pelo "agente" no desenvolvimento de seus atos (Eizirik, 2011, p. 349).

---

[108] A alta concentração da titularidade das ações no mercado das companhias abertas brasileiras proporciona a coincidência dos sujeitos que ocupam a posição de acionistas e administradores da companhia, isto porque os acionistas controladores, e até mesmo os minoritários com participações relevantes, costumam ocupar cargos de administração na sociedade listada. Assim, os deveres de acionistas e administradores acabam por se confundirem na pessoa destes "agentes" que ocupam posições nas duas categorias. Uma hipótese legal desta situação é trazida no § 3º do art. 117 da LSA.

[109] Para maiores detalhes da discussão, vide: Lazzareschi Neto (2008), páginas 409-412.

CONFLITO DE INTERESSES NAS COMPANHIAS

Para dar conta da realidade de uma companhia e abranger as mais diversas situações nas quais a conduta do administrador é questionada, há razoável consenso no debate especializado que o julgador deve analisar as circunstâncias e peculiaridades caso a caso, de modo a verificar se a conduta se encaixa dentro deste padrão[110] de atuação esperado de um administrador médio[111] (Lazzareschi Neto, 2008, p. 408) e, de certa maneira, moldado pelos seus "principais" na razão das atribuições de competências aos primeiros.

Na sequência, além da obrigação de cuidado e diligência, o artigo 154 apresenta o dever de o administrador atuar sob a pauta da lei e o dever deste "agente" conhecer a superioridade do interesse de seus "principais" em relação ao seu interesse pessoal.

Art. 154. O administrador deve exercer as atribuições que a lei e o estatuto lhe conferem para lograr os fins e no interesse da companhia, satisfeitas as exigências do bem público e da função social da empresa.

[...]

§ 2º É vedado ao administrador:

[...]

b) sem prévia autorização da assembléia-geral ou do conselho de administração, tomar por empréstimo recursos ou bens da companhia, ou usar, em proveito próprio, de sociedade em que tenha interesse, ou de terceiros, os seus bens, serviços ou crédito;

c) receber de terceiros, sem autorização estatutária ou da assembléia-geral, qualquer modalidade de vantagem pessoal, direta ou indireta, em razão do exercício de seu cargo.

[...].

---

[110] A composição do referido padrão pelo julgador, a fim de comparar com a conduta sob análise, se dá por uma enorme variedade de quesitos pensados pela literatura especializada, para maiores detalhes vide: Eizirik (2011), páginas 349-355 e Lazzareschi Neto (2008), página 408.

[111] O autor citado apesar utilizar o conceito não deixa explícito o que ele significa. Os autores estrangeiros, por exemplo Fox (1998), entendem por administrador médio aquele "agente" que desenvolve os seus atos racionalmente com base nas informações que tem acesso, as quais compreendem desde os incentivos que recebe de seus "principais" até as limitações legais que o vinculam, ele age desta maneira, pois deve ser avesso a riscos oriundos de decisões irracionais ou não embasadas nas informações as quais dispõe. As seções 1.5, "b" e "c" do presente trabalho empregam este conceito.

Quanto ao primeiro dever apresentado no caput não há dificuldades, quando presente o comando expresso de que o administrador "deve exercer as atribuições que a lei" lhe confere. Já relativamente a não prevalência de seus interesses pessoais, deve ser analisada a combinação entre as atribuições conferidas pelo estatuto e as vedações das alíneas "b" e "c" do § 2º.

As prerrogativas estatutárias conferidas aos administradores se remetem à concessão de poderes pelos acionistas, já que estes "principais" confeccionaram o documento que estabelece as atribuições dos "agentes", a fim de que estes atuem em função dos seus interesses.

Assim, "sem prévia autorização da assembléia-geral ou do conselho de administração" por ela eleito, ou ainda, "sem autorização estatutária", o interesse prevalecente nas decisões tomadas pelos administradores deve ser o de seus "principais". Quer dizer, na falta de alguma destas liberações expressas, qualquer das vantagens pessoais possíveis aos "agentes", exemplificadas nas alíneas, são proibidas na razão da proteção dos interesses dos "principais".

Nesta mesma linha, o artigo 155 ressalta a não prevalência dos interesses particulares dos administradores em suas deliberações, trazendo em seus incisos três limitações específicas à possibilidade dos executivos se apropriarem de oportunidades pertencentes a empresa, somados a um dever geral no § 1º, o qual visa combater um tipo específico de apropriação de valores dos investidores.

Art. 155. O administrador deve servir com lealdade à companhia e manter reserva sobre os seus negócios, sendo-lhe vedado:

I – usar, em benefício próprio ou de outrem, com ou sem prejuízo para a companhia, as oportunidades comerciais de que tenha conhecimento em razão do exercício de seu cargo;

II – omitir-se no exercício ou proteção de direitos da companhia ou, visando à obtenção de vantagens, para si ou para outrem, deixar de aproveitar oportunidades de negócio de interesse da companhia;

III – adquirir, para revender com lucro, bem ou direito que sabe necessário à companhia, ou que esta tencione adquirir.

§ 1º Cumpre, ademais, ao administrador de companhia aberta, guardar sigilo sobre qualquer informação que ainda não tenha sido divulgada para conhecimento do mercado, obtida em razão do cargo e capaz de influir de modo ponderável na cotação de valores mobiliários, sendo-lhe vedado valer-se da informação para obter, para si ou para outrem, vantagem mediante compra ou venda de valores mobiliários.

[...].

Mais uma vez a regra estabelece um padrão geral de comportamento, desta vez baseado no amplo conceito de lealdade. Inspirada no *standard of loyalty* do direito norte-americano e inglês, a LSA requer do administrador uma conduta baseada na boa-fé e no melhor interesse da companhia (Eizirik, 2011, p. 366).

Tal boa-fé e melhor interesse são violados quando os atos de administração dos executivos desrespeitam as oportunidades negociais pertencentes à companhia, revertendo-as para si ou em favor de terceiros. Por isso, as limitações exemplificativas (Lazzareschi Neto, 2008, p. 420) dos três incisos[112], impostas aos administradores, pautam os limites de um padrão leal de conduta às suas decisões negociais.

O dever de sigilo sobre informações ainda não divulgadas ao público, trazido pelo § 1º, também limita as possibilidades de apropriação de valores pelos executivos. Desta vez, o faz em nome dos investidores da companhia, combatendo uma forma específica de atuação dos administradores, o *insider trading*[113]. Por esta forma de apropriação os "agentes" se aproveitam de informações privilegiadas para negociar a compra e venda de papéis, respectivamente por baixos e altos valores.

O artigo 156, na mesma linha de raciocínio que serve a pauta de um comportamento leal do administrador, vem para cuidar da vedação de mais uma modalidade negocial capaz de proporcionar benefícios privados ao "agente", em prejuízo dos seus "principais". Trata-se do *basic self-dealing*[114] (Eizirik, 2011, p. 378), a contratação entre o administrador, ou uma terceira parte que represente os seus interesses, e a companhia da qual é beneficiário.

> Art. 156. É vedado ao administrador intervir em qualquer operação social em que tiver interesse conflitante com o da companhia, bem como na deliberação que a respeito tomarem os demais administradores, cumprindo-lhe

---

[112] Para mais detalhes sobre a celebração destes negócios pelos administradores, vide: subitem "c" do item 1.3 do presente trabalho.

[113] Para mais detalhes, vide: subitem "c" do item 1.3 do presente trabalho.

[114] Para mais detalhes, vide: subitem "a" do item 1.3 do presente trabalho e nota nº 52, *op. cit.*

cientificá-los do seu impedimento e fazer consignar, em ata de reunião do conselho de administração ou da diretoria, a natureza e extensão do seu interesse.

§ 1º Ainda que observado o disposto neste artigo, o administrador somente pode contratar com a companhia em condições razoáveis ou equitativas, idênticas às que prevalecem no mercado ou em que a companhia contrataria com terceiros.

[...].

A aplicação deste dispositivo legal se remete ao cerne das bases teóricas da temática[115], pois ao controlar as vontades das duas partes envolvidas no negócio, o administrador pode deixar prevalecer o seu interesse pessoal, em sacrifício dos interesses daqueles que lhe delegaram poderes e confiança para atuar de boa-fé por seus objetivos.

Assim, frente à imensa gama de negociações que podem ocorrer entre a companhia e os seus administradores, a LSA veda a participação do executivo contratante na deliberação destas[116], atribuindo-lhe ainda o dever de informar o conflito caso ele não seja manifesto, por meio da cientificação dos seus pares.

Vale ressaltar que, não contrariando as disposições do caput e observando "condições razoáveis ou equitativas, idênticas às que prevalecem no mercado ou em que a companhia contrataria com terceiros", os negócios entre a companhia e os seus administradores não são nulos ou proibidos.

Por fim, uma última regra importante às decisões tomadas pelos administradores é trazida pelo artigo 245:

Art. 245. Os administradores não podem, em prejuízo da companhia, favorecer sociedade coligada, controladora ou controlada, cumprindo-lhes zelar para que as operações entre as sociedades, se houver, observem condições estritamente comutativas, ou com pagamento compensatório adequado; e respondem perante a companhia pelas perdas e danos resultantes de atos praticados com infração ao disposto neste artigo.

---

[115] Para maiores detalhes, vide: item 1.1 do presente trabalho.

[116] A aplicação do dispositivo legal é objeto da mesma discussão originada no artigo 115, § 1º, sobre a configuração formal ou substancial do conflito de interesses (Eizirik, 2011, p. 379), objeto do próximo item.

CONFLITO DE INTERESSES NAS COMPANHIAS

Focado em uma hipótese mais específica, de transações entre empresas de um mesmo grupo de interesses, o texto legal atribui ao administrador o dever de não trabalhar pelo favorecimento de "sociedade coligada, controladora ou controlada", sob pena de responder pelos danos causados a companhia da qual é beneficiário[117].

2.2. Quais são as estratégias destes dispositivos da Lei nº 6.404/76 e qual é a direção colocada pelo debate da literatura nacional na interpretação deles?

A exposição realizada no item 2.1 acima, referente aos artigos da Lei nº 6.404/76 que servem ao regramento das decisões de acionistas e administradores, mostra uma técnica de combate ao problema jurídico dos conflitos de interesses dividida em dois grupos gerais.

O primeiro concerne à suspensão do direito de voto dos "agentes" em determinadas deliberações[118] e o segundo, à atribuição de deveres fiduciários[119], oriundos da proibição de certos atos[120], delineando comportamentos não esperados por parte deles[121] e outros construídos sobre alguns conceitos abstratos[122], cuja observância, contrariamente, se desdobra em condutas esperadas por parte dos mesmos.

---

[117] Para uma discussão detalhada sobre o tema, vide: Prado (2006).

[118] São listadas a seguir as matérias nas quais os acionistas controladores e administradores são proibidos de exercer o seu direito de voto. Art. 115: "deliberações da assembleia geral relativas ao laudo de avaliação de bens com que concorrer para a formação do capital social e à aprovação de suas contas como administrador, em quaisquer outras que puderem beneficiá-lo de modo particular, ou em que tiver interesse conflitante com o da companhia"; e art. 156: "operação social em que tiver interesse conflitante com o da companhia".

[119] Ao acionista controlador: no parágrafo único do art. 116 e no art. 117, § 3º; aos administradores: art. 155.

[120] São vários casos acessíveis pelos artigos colacionados no item 2.1, por isso, a seguir estão listadas apenas as fontes das proibições. O art. 115, em seu caput, com a ideia de "voto abusivo"; o art. 117, nas alíneas de seu § 1º, lista oito modalidades de abuso do poder de controle; o art. 154, nas alíneas de seu § 2º traz mais duas vedações de conduta, o mesmo nos três incisos do art. 155 e no caput do art. 245.

[121] A fim de evitar determinadas situações.

[122] São listados a seguir os conceitos trazidos por cada um dos artigos expostos no item 2.1 acima. Art. 115: exercício de voto no "interesse da companhia"; art. 116: "função social" (da companhia); art. 153: "cuidado e diligência"; art. 154: repete "interesse da companhia"

À luz das quatro estratégias trabalhadas pelos teóricos da área no item 1.4[123] é possível interpretar estas regras da LSA por meio de duas delas: a aprovação do negócio por acionistas e/ou administradores desinteressados e a avaliação posterior das decisões tomadas pelos "agentes" em relação aos seus deveres fiduciários[124].

A exposição realizada nos próximos subitens visa argumentar que a dinâmica da interpretação legal converge para a revisão *ex post* do negócio contratado sob conflito entre os interesses dos "principais" e de seus "agentes". A apresentação busca demonstrar que isso ocorre por conta da hipótese residual do artigo 115, § 1º, posto que esta dá margem para a discussão da aplicação de um conceito que permeia as disposições regulatórias da matéria[125], qual seja, o momento de verificação da violação do interesse da companhia.

a. Aprovação do negócio por desinteressados e a revisão judicial da deliberação pelo negócio sob conflito de interesses: falta de hipóteses taxativas e a importância das hipóteses residuais

Não há uma previsão expressa na Lei nº 6.404/76 acerca da aprovação de um negócio por acionistas ou administradores desinteressados, contudo, algumas disposições permitem a aplicação desta estratégia.

O artigo 115, § 1º proíbe o voto do acionista em duas situações pontuais e duas circunstâncias genéricas, onde há potencial conflito entre os seus interesses e o dito interesse da companhia. Na sequência, o artigo 154, § 2º, alíneas "a" e "b", veda que o administrador delibere por determinados negócios em seu benefício sem autorização do estatuto, conselho ou

---

e "função social", adiciona o "bem público" (respeito ao); art. 155: "lealdade" e "sigilo de informações não divulgadas ao mercado"; e art. 245: "zelo por condições comutativas".

[123] São elas: (a) a proibição da celebração de negócios sob conflito de interesses; (b) a aprovação do negócio por conselheiros ou acionistas desinteressados; (c) a possibilidade de revisão judicial do contrato, diante da quebra dos princípios de conduta pelos executivos e (d) a transparência obrigatória de informações.

[124] Seguindo um padrão de *open standards*, quer dizer, livremente realizada a transação, verifica-se posteriormente se houve alguma infração pertinente. Para mais detalhes, vide: Salomão Filho (2008), página 25.

[125] Inclusive a vedação de voto conflitante do administrador, prevista no caput do art. 156 da LSA.

assembleia e, por fim, o artigo 156 proíbe que o administrador intervenha nas decisões que possam afetar os interesses da companhia.

Obviamente, a aprovação ou autorização dos contratos que colocam o acionista ou administrador em alguma das situações acima deve ser realizada por alguém. Como estes "agentes" interessados estão proibidos de exercer o direito de voto ou intervir de qualquer forma na decisão, os outros acionistas ou administradores desinteressados devem deliberar.

Com exceção das proposições acima, os demais artigos da LSA dedicados ao problema do conflito de interesses trazem enunciações de deveres fiduciários dirigidos aos acionistas e administradores. Tais deveres de conduta assumem contornos específicos de acordo com a necessidade de observância dos conceitos abstratos trazidos pela lei, seja em razão dos comportamentos não esperados dos "agentes" ou por conta da observância de condutas as quais devem compor a atuação dedicada ao cargo.

No primeiro tipo, as hipóteses são definidas pela vedação do exercício de voto abusivo do acionista[126], trazida pelo caput do artigo 115, de acordo com lista das modalidades de abusos do poder de controle, contidas no § 1º do artigo 117 e nos moldes das situações negociais dispostas pelos incisos do artigo 155, consideradas como atuações desleais dos administradores.

O segundo tipo, com origem nos conceitos abstratos[127] encontrados no caput do artigo 115, no parágrafo único do artigo 116, no artigo 153, no caput do artigo 154, no caput do artigo 155 e, por fim, no artigo 245, é constituído por deveres de conduta dos acionistas e administradores, cuja observância se dá mediante a necessária utilização destes como pauta dos atos referentes ao exercício dos direitos subjetivos de voto dos "agentes".

Nesta linha, se uma situação concreta que traz um potencial conflito "principal-agente"[128] não for enquadrada nas vedações ao exercício do direito de voto do acionista ou administrador, culminando na necessidade de aprovação do negócio por acionistas desinteressados, ainda é possível a revisão judicial da deliberação a qual aprovou o negócio sob conflito de interesses.

---

[126] Descrito com mais detalhes no item 2.2, "c" do presente trabalho.

[127] Vide: nota nº 122, *op. cit.*

[128] Negociações entre a companhia e: um acionista; o acionista controlador; conselheiro ou diretor; o acionista e/ou administrador do grupo societário, de acordo com os artigos: 115; 116 e 117; 153, 154, 155, 156 e; 245.

CONFLITO DE INTERESSES NO BRASIL – LEI 6.404/76, IFRS...

Tal revisão deve primeiro verificar se a atuação questionada preenche alguma das pontuais hipóteses de voto abusivo ou atuação desleal. Diante da negativa, a avaliação das decisões de acionistas e administradores deve ser feita à luz dos padrões de deveres fiduciários a eles atribuídos, ou seja, deve examinar se os "agentes" atuaram orientados pelos deveres de conduta abstratamente concebidos em lei.

Desta dinâmica legal, é possível deduzir um problema relativo à participação dos acionistas e administradores nas deliberações em que supostamente possuem interesse pessoal e não se encaixam nestas duas categorias expressamente definidas.

Este problema decorre da opção do texto legal em não definir hipóteses concretas sobre situações nas quais objetivamente fosse possível afirmar que o "agente" tem um interesse conflitante com o de seus "principais"[129], já que, ao contrário, criou instâncias residuais em relação às vedações do exercício de voto e às hipóteses de voto abusivo e conduta desleal, de modo a contemplar as possibilidades que não se enquadram nestas categorias e que, genericamente, remetam-se a benefícios particulares em favor dos acionistas e/ou administradores ou à incompatibilidade entre os interesses destes e os da companhia[130].

Essa falta de hipóteses taxativas revela o fato de que os negócios aprovados ou realizados sob conflito de interesses acabam sendo residualmente considerados, de modo que, à revisão posterior da deliberação a qual aprovou o negócio resta realizar a verificação do cumprimento daqueles deveres fiduciários que devem compor a conduta dos "agentes".

Tal avaliação da atuação de acionistas e administradores à luz de deveres de conduta abstratamente concebidos[131] pode ser um problema "per se". As diferentes interpretações subjetivas na construção destes conceitos podem ensejar muitas dúvidas sobre os seus conteúdos substanciais, o que pode dar origem a uma mera reunião de padrões de conduta desconexos, os quais oferecem pouca segurança jurídica na sua aplicação e pequena influência na pauta da prática atinente ao regulamento interno das sociedades[132] e

---

[129] Neste sentido: Salomão Filho, 2006, p. 94.
[130] Respectivamente: segunda parte do art. 115, § 1º; segunda parte do art. 115, § 1º e caput do art. 156.
[131] Vide: nota nº 122, *op. cit.*
[132] Diferentemente das vedações expressas e das situações pontuais concebidas como comportamento abusivo ou desleal, as quais devem servir de pauta aos administradores médios

[133]. Estes desdobramentos fazem parte do debate instalado na doutrina nacional, conforme exposto nos próximos subitens.

b. Deveres fiduciários e o conceito de "interesse da companhia": momento de sua violação como foco do debate entre as correntes formalista e substancialista

Conforme já mencionado, os deveres de conduta repousam sobre alguns conceitos abstratamente estabelecidos no texto legal, um destes, o "interesse da companhia", aparece como elemento central na articulação dos demais. Presente em seis de oito dispositivos dedicados à matéria[134] o seu entendimento direciona a interpretação dos deveres fiduciários, especialmente em razão de dois raciocínios gerais.

Primeiro porque, em tese, quando estabelecido os limites deste conceito, torna-se possível delinear padrões gerais de comportamento esperados dos acionistas e administradores em relação a busca pelo interesse da empresa, estabelecendo o objetivo que serve à interpretação dos deveres fiduciários, meio necessário para orientação da conduta dos "agentes".

Em segundo lugar, e como consequência da primeira hipótese, a sua definição torna factível a atividade prática de comparar a atuação destes executivos à uma compreensão construída sobre a persecução do interesse social, de modo que deve ser razoável a empreitada de aferir objetivamente se existe um conflito entre os interesses almejados pelos "agentes" e os interesses da companhia.

Nesta linha, se o interesse social é concebido como o objetivo final e o limite das deliberações dirigidas por acionistas e administradores da companhia, é possível considerar que votar de acordo com este é o mero exercício de um comportamento básico de qualquer membro de órgão

que agem racionalmente, bem como aos seus "principais" que, diante destas hipóteses, devem buscar os meios disponíveis à proteção dos seus direitos. A indefinição dos deveres de conduta, opostamente as situações anteriores, pode acabar por retirar as vantagens práticas de um sistema que sirva de referencial à atuação dos acionistas e administradores.

[133] Neste sentido: Salomão Filho (2008), p. 96-98.

[134] Ele aparece expressamente no art. 115, caput; no art. 116, parágrafo único, pauta o poder de voto do acionista controlador na realização do objeto e na busca da sua função social; aparece expressamente também no art. 117, § 1º, alínea "c"; o mesmo no caput do art. 154 e no inciso III do art. 155, por fim, também no art. 156.

CONFLITO DE INTERESSES NO BRASIL – LEI 6.404/76, IFRS...

deliberativo da sociedade listada, tomado como parte integrante da formação da vontade social em busca do referido interesse[135].

A checagem objetiva do exercício deste comportamento deve recair justamente sobre a verificação do cumprimento dos deveres fiduciários por estes "agentes", que são abstratamente estabelecidos em lei e interpretados de modo a comporem padrões de conduta dirigidos ao interesse social.

É claro que um tema tão caro ao direito empresarial vem sendo estudado por comercialistas do mundo todo há muito tempo, o que depois de várias transformações de entendimentos e longas discussões, permitiu que o debate se aperfeiçoasse na direção de um consenso mínimo entre os autores da área (Brasil. CVM, 2010a, § 28)[136 e 137].

No Brasil, tal conceito foi objeto da disputa entre os autores inclinados a postura contratualista de um lado e institucionalista do outro[138]. Seguindo a tendência mundial, o resultado da contenda culminou em um lugar comum, trazendo a ideia geral de interesse da companhia como uma transcendência dos interesses individuais em nome de uma finalidade compartilhada por todos os interessados nas operações da sociedade empresarial[139].

---

[135] Neste sentido: Lamy Filho e Pedreira, (1996) p. 227-228, especificamente sobre acionistas da companhia.

[136] Esta referência bibliográfica é ao voto proferido pelo colegiado da CVM em resposta a "consulta sobre o impedimento de voto do acionista controlador na assembleia que deliberar sobre transação com parte relacionada à companhia" (Proc. RJ 2009/13.179, j. em 9-9-2010). Trata-se de uma decisão muito rica em conteúdo teórico, por isso, o presente trabalho recorre a ela várias vezes deste ponto em diante.

[137] Neste § 28 do voto o Diretor-relator comenta o arrazoado da Diretora Norma Jonssen Parente sobre o argumento de Modesto Carvalhosa no tocante a evolução do conceito de interesse da companhia.

[138] Para mais detalhes sobre essas teorias, vide: item 1.2, subitem "a".

[139] Exemplos de conceituações do interesse social: "O interesse social não é, pois, a somatória dos interesses de cada acionista, mas a transcendência desses mesmos interesses por interesse comum a todos, definido no objeto empresarial específico da companhia nos fins sociais que são comuns a todas elas, qual seja, a realização do lucro." (Carvalhosa, 2003, p. 457); "'o objetivo não é apenas o interesse social *stricto sensu*, mas, igualmente, o interesse da empresa e do bem público(...)' [...]. Assim, por interesse social ou interesse da companhia, deve-se entender o interesse comum dos sócios, que não colida com o interesse geral da coletividade, mas com ele se harmonize." (Leães, 1989, p. 14) e "Ao falar em 'interesse da companhia', a lei se refere ao interesse comum dos acionistas, igual para todos, pois que corresponde ao modelo jurídico sobre o qual se elaborou o instituto." (Comparato, 1990, p. 88).

Apesar do aludido longo debate da doutrina, alguns críticos já atentam também há algum tempo para a má definição e o mau estabelecimento deste conceito (Salomão Filho, 2006, p. 99). A generalidade dos seus termos acabaria por criar uma situação de indefinição a qual remonta suas origens à incapacidade das teorias do interesse social em explicar a prática do sistema jurídico nacional, tema tratado no item 1.2, "b".

Da mesma forma que argumentado naquela seção, é possível sustentar o problema do raciocínio teórico em comento ao colocá-lo em exercício (Brasil. CVM, 2010a, § 29). A falta de definição do conteúdo que compõe o conceito de interesse social não permite delinear com clareza quais objetivos devem ser perseguidos para atingi-lo. Consequentemente, o mesmo ocorre com os deveres fiduciários interpretados como mecanismos de pauta da atuação dos "agentes" em direção ao referido interesse da companhia.

Esta incerteza imediatamente prejudica qualquer tipo de avaliação da conduta de um acionista ou administrador frente a uma deliberação na qual eventualmente possua interesse diverso da companhia, posto que gera uma dúvida sobre quais atos podem ser considerados contrários ao interesse social. Então, é possível sustentar que há um prejuízo à definição do conteúdo substancial das condutas que devem suportar a aplicação da disciplina legal.

Tal problema de subsunção da regra de conflito aos casos práticos abre espaço para os especialistas da área lançarem uma dúvida particularmente interessante ao dia a dia das companhias e à advocacia empresarial: se não são claras quais condutas expressamente violam o interesse social, também pode ser questionável quando tal interesse pode ser considerado violado. A busca pela prorrogação da verificação de uma conduta conflituosa pode ser uma estratégia negocial útil, que pode ser interpretada por duas facetas.

Positiva, se o "agente" de interesse conflitante ao invés de enfrentar de plano a proibição de manifestar o seu voto, tem a oportunidade de decidir, ou no mínimo de influenciar, em deliberação favorável para as operações e objetivos da companhia, sem grandes óbices no processo decisório. Negativa, quando o atraso na verificação do conflito tem chances de servir aos objetivos particulares dos acionistas e administradores, os quais suportam apenas o risco de talvez serem posteriormente questionados por algum interessado nas operações da empresa.

Como, via de regra, acontece com a maior parte dos assuntos relativos à prática jurídica, a aplicação do conceito trazido em lei é objeto de discussão.

CONFLITO DE INTERESSES NO BRASIL – LEI 6.404/76, IFRS...

Neste caso, o impasse da literatura especializada reside na definição do momento no qual é possível aferir a violação do interesse social, de acordo com a corrente formalista ou substancialista.

Em um dos extremos, a primeira[140] defende que as possíveis manifestações de conflito de interesses são formalmente verificáveis, logo, não há a necessidade de avaliar o resultado das condutas conflitivas. Desta forma, as medidas legais de combate aos problemas causáveis por elas são aplicáveis *ex ante*, ou seja, tão logo um negócio mostre seu potencial conflitivo, ele deverá ser tratado por alguma regra pertinente, sem o adiamento da verificação.

Na outra ponta, a segunda corrente[141] sustenta que a confirmação de existência do conflito é apenas substancialmente aferível, razão pela qual este grupo defende uma análise casuística dos atos questionados e a eventual aplicação *ex post* das disciplinas legais. Neste caso, a avaliação postergada para momento além da tomada de decisão, recai sobre o elemento factual do comportamento do acionista ou administrador, ponderando acerca da incompatibilidade entre o objetivo que foi buscado pelo "agente" e a realização do interesse social[142].

---

[140] Linha de argumentação defendida por: Carvalhosa (2011), página 514; Lamy Filho *et. al.* (1996), páginas 239-240 e Norma Parente (2007, p. 251 apud Cunha, 2007, p. 276), entre outros.

[141] Linha de argumentação defendida por: Novaes e França (2002), página 262; Leães (1989), página 26 e Cunha (2007), página 282, entre outros.

[142] Para alguns doutrinadores afiliados a esta corrente, a presença do elemento "dano", objetivamente verificável, é necessário para a constatação da existência de uma relação conflituosa e a consequente aplicação da disciplina legal atinente ao tema, como exemplo: Novaes e França (1993), página 97 e Simões (2003), página 95, contudo, há discussão sobre o tema, revelando uma cisão entre os autores da área. Alguns destes, entre eles Guerreiro (1983), sustentam que a anulação da deliberação conflitante não depende da prova do dano, posto que ela não decorre do seu caráter materialmente lesivo, mas do seu vício intrínseco, quer dizer, decorre da colisão de seu objetivo com o interesse social. A Lei não é clara, os artigos 115, § 4º e 156, § 2º fazem menções independentes entre si, porém não excludentes, a respeito da necessidade de reparação dos danos pelos acionistas e administradores, os quais participaram da condução e aprovação do negócio em que tinham interesse dito conflitante ao da companhia e a anulabilidade da deliberação. Nesta razão, a discussão é rica, porém, em se tratando de uma divisão interna, a filiação a um ou outro posicionamento não é suficiente para desligar o autor da defesa da verificação substancial do conflito, por isso, a contenda é considerada periférica à lógica da descrição feita no presente item, qual seja, o momento de verificação da violação do interesse social sob a divisão das correntes formalista e substancialista. É possível argumentar que tal divisão entre as correntes decorra da discussão sobre a presença do dano, negada

Assim, é possível considerar a falta de acuidade na definição do conceito de interesse social como uma das razões que mantém o atual, mas tampouco novo debate do direito societário centrado no aspecto temporal da ocorrência dos conflitos de interesses. Quer dizer, um dos mais relevantes impasses entre os especialistas reside em afirmar quando há quebra de um dever fiduciário e, consequentemente, o choque entre os objetivos dos executivos e da companhia no momento em que figuram como contrapartes de um negócio.

Para uma clara exposição da celeuma instalada na doutrina brasileira, a seção seguinte inicia com as disposições legais as quais recebem interpretações comuns pelas duas correntes. Na sequência, é apresentado um subitem que abre com a discussão de um conceito que já mostra certo distanciamento entre elas, terminando com as interpretações divergentes que dão amparo à oposição existente e a última seção apresenta um tipo de interpretação intermediária entre as duas.

c. Interpretações comuns às duas correntes: "voto abusivo"; proibição do voto de acionista em "laudo de avaliação de bens em que concorre para a formação do capital social" e na "aprovação de suas contas como administrador"

A discussão entre aqueles que defendem a verificação formal ou substancial do conflito, nos limites apresentados acima é então centrada na interpretação do artigo 115 da Lei 6.404/76, voltado ao regramento dos votos dos acionistas, sem prejuízo da aplicação dos mesmos raciocínios ao artigo 156[143], no qual a preocupação em questão é com os votos do administrador da companhia (Eizirik, 2011, p. 379).

Os autores de ambas as correntes iniciam a interpretação do artigo 115 distinguindo o "abuso de voto", trazido pelo seu caput, das demais hipóteses apresentadas no § 1º do mesmo artigo[144]. A construção deste conceito

---

pelos formalistas, porém, o presente trabalho visa relatar tal cisão pela ótica de um "passo anterior" à divergência entre os substancialistas, exclusivamente pela incompatibilidade entre o interesse dos "agentes" e o interesse social.

[143] Especificamente nas hipóteses de atuação desleal, trazidas pelos incisos do art. 155 da LSA.

[144] Proibição do exercício de voto do acionista nas deliberações da assembléia-geral: (i) relativas ao laudo de avaliação de bens com que concorrer para a formação do capital social; (ii) relativas à aprovação de suas contas como administrador; (iii) em quaisquer outras que

CONFLITO DE INTERESSES NO BRASIL – LEI 6.404/76, IFRS...

encontra amplo consenso entre os especialistas, diferentemente das duas últimas proposições do § 1º, objetos da celeuma instalada na literatura nacional, conforme mostrado no próximo subitem.

Então, o primeiro passo na interpretação do abuso no exercício do direito de voto pelos autores brasileiros é sobre o seu caráter ilícito, retratado no voto do acionista ou administrador que manifestamente excede os limites impostos pelo seu fim econômico ou social, pela boa-fé ou pelos bons costumes, conforme prevê o artigo 187 do Código Civil (Carvalhosa, 2011, p. 498).

Contudo, interpretar a regra à luz do intento ilícito do "agente" dificultaria a sua aplicação, quando o executivo questionado tem sempre a chance de negá-lo, para em seu lugar, alegar o erro[145]. Nesta razão, o debate entre os autores da área[146] aponta na direção de que o aspecto subjetivo não é inerente à figura do voto abusivo, dependendo este da verificação objetiva do dano patrimonial à companhia e/ou aos demais acionistas[147]. Quer dizer, neste caso vige um sistema de causação ato/dano, "sem lesão não se pode falar em abuso de direito" (Carvalhosa, 2011, p. 498).

O abuso no exercício do direito de voto, trazido pelo artigo 115 e por suas espécies pontuais dos artigos 116 e 117[148] (Novaes França, 1993, p. 86), é descrito pelos autores segundo duas hipóteses gerais: uma acerca do voto causador de prejuízo e a outra sobre o voto dirigido à obtenção de vantagem indevida.

A primeira se remete ao voto proferido pelo "agente" que procura lesar a companhia, um acionista ou um grupo dentre eles (Carvalhosa, 2003, p. 459). Nesta modalidade o voto proferido pelo acionista ou administrador deve causar prejuízo a pelo menos uma dessas figuras interessadas nas operações da sociedade, por meio de um ato simplesmente emulativo[149].

---

puderem beneficiá-lo de modo particular; (iv) ou em que tiver interesse conflitante com o da companhia.

[145] Neste sentido: Carvalhosa (2003), página 459.

[146] Para mais detalhes, vide: Carvalhosa (2011), notas 570-A, 571 e 572 na página 500.

[147] Neste sentido: Carvalhosa (2011), página 500.

[148] Relativas ao abuso de voto cometido por acionista controlador, conduta esta considerada "subsidiária" ao texto do artigo 115, posto que um acionista controlador nada mais é que uma espécie gênero acionista. Para maiores detalhes, vide: Novaes França (1993) na nota nº 194, página 86 ou Carvalhosa (2011), página 501, sobre o abuso qualificado.

[149] Tal voto *ad aemulationem* é "uma situação em tudo análoga ao abuso no exercício do direito de propriedade, em que prevalece, sobre o desejo de auferir vantagens pessoais, o intento de

CONFLITO DE INTERESSES NAS COMPANHIAS

Já a segunda hipótese, considerada autônoma em relação a primeira, cuida dos benefícios experimentados pelo voto abusivo, seja pelo próprio tomador da decisão ou por terceiros a ele relacionados. Esta vantagem a qual os sujeitos não fazem "jus e de que resulte, ou possa resultar, prejuízo para a companhia ou para outros acionistas" deve ter a forma de um proveito que não é normalmente atribuído a todos em que se encontram na mesma situação jurídica.

Assim, um voto que consubstancia a apropriação de um benefício estranho ao "agente" viola ou no mínimo pode violar o princípio da igualdade relativa entre os indivíduos que possuem interesse nas operações da empresa (Novaes França, 1993, p. 85), causando um prejuízo aos últimos na medida da adição percebida pelos primeiros.

Da mesma forma em que concordam com o conteúdo conceitual do termo, há acordo também entre as duas correntes na sua aplicação, qual seja, de que a ocorrência do voto abusivo não é formalmente concebível, ao contrário, só é de forma substancial, depois da manifestação do sufrágio (Carvalhosa, 2003, p. 459). Isto pois, faz-se necessário um juízo de mérito *a posteriori* suficiente para avaliar eventual excesso cometido pelo acionista ou administrador (Brasil. CVM, 2010a, § 14) capaz de causar dano aos "principais" ou vantagem em favor dos primeiros, de modo que tal prejuízo seja objetivamente aferível.

Na sequência, também encontram pleno acordo na interpretação das duas correntes, as hipóteses sobre o impedimento formal de voto do acionista em deliberações relativas "ao laudo de avaliação de bens com que concorrer para a formação do capital social e à aprovação de suas contas como administrador", abordadas pela primeira parte do artigo 115, § 1º.

Quanto ao laudo de avaliação, prevalece o argumento de que o acionista, subscritor de um bem, não pode ele mesmo influenciar no estabelecimento do valor que a sua propriedade irá conferir ao capital social, pois, considera-se que este acionista não possui isenção suficiente para escolher peritos ou julgar as medidas por eles apresentadas[150].

O raciocínio da falta de imunidade em relação aos interesses pessoais prepondera também na aprovação das contas do acionista que ocupa o cargo de administrador. Sustenta-se que a identidade do interessado com a

prejudicar terceiros" (Comparato, 1990, p. 91).

[150] Neste sentido: Carvalhosa (2003), página 468.

80

figura fiscalizada anula qualquer formalidade ou inibição na manifestação do voto em benefício próprio. Tamanha é a preocupação com a temática, que os autores defendem a manutenção da vedação mesmo nos casos em que o administrador seja o acionista controlador da companhia[151] e, por isso, tenha direito ao exercício da maioria dos votos na assembleia a qual delibera sobre o assunto (Lazzareschi Neto, 2008, p. 208).

O perigo de dano emanado por estas hipóteses é então considerado inquestionável, quando aparece no fato[152] de que, se o voto for exercido pelo acionista, ele irá figurar como um tomador de decisão sem qualquer isenção no assunto, com amplas chances de influenciar a deliberação em seu benefício pessoal.

Portanto, pacificamente entre os autores das duas correntes, na interpretação da primeira metade do § 1º prevalece o princípio da vedação da prática de juízo em causa própria[153] (Brasil. CVM, 2010a, § 58), com o entendimento pela absoluta vedação do exercício de voto do acionista, inclusive quando este ocupa a posição de controlador.

d. Interpretações divergentes entre as duas correntes: "benefício particular" e "interesse conflitante" do acionista perante a companhia

As correntes iniciam o distanciamento das suas conclusões a partir da aplicação do conceito de "benefício particular" do acionista, o qual compõe a primeira hipótese da segunda parte do artigo 115, § 1º. Os autores, de um grupo ou de outro, concordam que o benefício particular quase sempre tem a forma de uma recompensa pelos trabalhos ou serviços prestados pelo acionista à companhia[154], por isso, não se trata de um tipo de vantagem

---

[151] Há vasta jurisprudência neste sentido, para maiores detalhes, vide: Lazzareschi Neto (2008), nota "2e" ao artigo 115, página 208.

[152] O termo utilizado em Novaes França (1993), página 87, é *in re ipsa*.

[153] O termo utilizado em Novaes França (1993), página 89, é *nemo iudex in causa propria*.

[154] Pela exposição do redator do anteprojeto da LSA, Trajano Valverde: "a vantagem conferida a um ou mais acionistas, comumente, consiste em uma participação nos lucros líquidos da sociedade, durante certo tempo, ou no direito, algumas vezes extensivo aos herdeiros, de receber determinada soma, por mês, ou anualmente, a título de pensão ou aposentadoria. Representa, quase sempre, recompensa pelos trabalhos ou serviços prestados pelo acionista à companhia." (Cunha, 2007, p. 272).

CONFLITO DE INTERESSES NAS COMPANHIAS

ilicitamente obtida, como um proveito de caráter extra social (Novaes França, 1993, p. 90)[155].

Há também aparente acordo entre os doutrinadores na acepção de que o benefício obtido ilicitamente já seria uma situação abarcada pela lei no conceito de voto abusivo do caput, especificamente naquele tipo de sufrágio proferido para angariar vantagem indevida[156] ao tomador de decisão ou a terceiros, em prejuízo dos demais acionistas e da companhia.

Assim, uma noção mais precisa sobre a caracterização do benefício particular é na esteira de uma situação a qual "o acionista [de forma legal, pode] auferir um ganho além daquele que os seus pares também obtêm"[157] (Cunha, 2007, p. 273).

O dissenso surge quando alguns autores, defensores da verificação substancial, argumentam que, em se tratando o benefício particular de uma vantagem lícita e não oriunda das perdas de outros sujeitos, ele poderia ser extensível aos demais acionistas (Cunha, 2007, p. 274)[158]. Diante desta característica, seria factível afirmar que não existe a proibição de voto ao "agente", quando a decisão tomada por ele nestas circunstâncias pode ser positiva para todos os interessados.

Em contraponto, os autores inclinados a verificação formal, apesar de concordarem com o argumento da licitude, mantém o entendimento de que os negócios capazes de auferir benefício particular aos acionistas têm como base do impedimento de voto o envolvimento pessoal do "agente", já que este guarda especial interesse na deliberação (Carvalhosa, 2003, p. 466).

Assim, mesmo sem a intenção de causar prejuízo a alguém, o acionista deve ser impedido de exercer o seu sufrágio, independentemente da extensividade ou não lesividade dos interesses de terceiros, pelo mesmo motivo das duas primeiras hipóteses do artigo 115, § 1º, qual seja, a vedação da prática de juízo em causa própria. Esta interpretação pela verificação formal da configuração do benefício particular claramente predominou

---

[155] Reproduzindo o argumento do mesmo Valverde.
[156] Para mais detalhes sobre a distinção entre "vantagem indevida" e "benefício particular" construída pela literatura especializada, vide: Lazzareschi Neto (2008), nota "li" ao artigo 115, página 205.
[157] Trecho do voto de Norma Parente no Inquérito Administrativo da CVM, nº TA-RJ2002/153.
[158] Reproduzindo o argumento de Sampaio Carlos.

do entendimento da jurisprudência administrativa[159], é possível também encontrar bons exemplos neste mesmo sentido tanto na doutrina[160]quanto nas decisões dos tribunais[161].

Já a última hipótese do artigo 115, § 1º, relativa ao "interesse conflitante" do acionista em relação ao da companhia, não encontrou um acordo pacífico, motivo pelo qual ainda abriga a separação entre as duas correntes e instala o debate da literatura especializada.

Os defensores da verificação substancial do conflito partem do pressuposto de que, a mera posição contrastante entre os interesses das partes de um contrato não é suficiente para que, por meio de um critério formal, o qual segundo eles supõe o abuso do cargo na busca de benefícios pessoais, qualquer dos sujeitos seja impedido de exercer as suas prerrogativas na concretização de um negócio.

Isto pois, a contraposição de vontades é tomada como um requisito necessário a existência de todo negócio bilateral ou plurilateral (Novaes França, 1993, p. 92), bem como a confiança que deve acompanhar as relações

---

[159] Segundo o Parecer de Orientação nº 34 da CVM, de 2006: "O impedimento de voto, portanto, se dá pela especificidade do benefício, pela particularidade de seus efeitos em relação a um acionista, comparado com os demais.". Um bom exemplo de aplicação deste entendimento é trazido no seguinte excerto de voto: "O PO 34/06 [da CVM] foi editado, justamente, respeitando esse entendimento que vem sendo repetido através dos tempos pela doutrina e legislação brasileira: se uma deliberação assemblear pode atribuir a um ou mais acionistas um benefício usufruível na qualidade de acionista (usualmente maior participação no capital social ou no direito ao recebimento de dividendos), os beneficiados não participam da votação". (Brasil. CVM, 2006a, § 9)

[160] Sobretudo por conta da defesa deste posicionamento por alguns autores conhecidos pela opinião contrária na interpretação da última hipótese do artigo 115, § 1º. Entre eles: Erasmo Valladão Novaes e França, na passagem localizada em Novaes e França (2002), página 261; Fábio Konder Comparato, em Novaes e França (1993), páginas 89-90; Rodrigo Ferraz Pimenta da Cunha, em Cunha (2007), página 274, entre outros.

[161] Por exemplo, o seguinte excerto de um acórdão do TJSP: "Considerando que a matéria em discussão envolvia vantagens pessoais do Sr. L. A. M. na condição de Diretor Comercial da empresa, penso que estava ele verdadeiramente impedido de votar e, via de conseqüência, o capital votante restringia-se ao do outro acionista, B. A., único habilitado a votar. Via de conseqüência, entendo que não é despropositada a menção contida na ata da assembléia segundo a qual aquela deliberação foi aprovada pela maioria absoluta de votos. Como é evidente, se B. A. era o único habilitado a votar, segue-se que seus votos correspondiam à maioria absoluta, por aplicação do disposto no art. 115, § 1º." (Brasil, TJSP, 2006, p. 03). Para mais exemplos de decisões judiciais neste sentido, vide: Lazzareschi Neto (2008), notas "2f à 2h" ao artigo 115, páginas 210-211.

CONFLITO DE INTERESSES NAS COMPANHIAS

societárias, admitindo que a conduta do acionista mesmo em situações onde há interesse conflitante, segue sempre na direção do interesse comum dos sócios (Brasil. CVM, 2001, § 50), salvo em casos excepcionais.

Tais duas posturas substancialistas amparam as razões em favor da análise casuística de verificação da ocorrência do conflito entre os objetivos do acionista e da companhia, por meio de um juízo de mérito sobre a incompatibilidade do voto exercido e o interesse social[162] dito violado[163]. O raciocínio que sustenta esta posição tem origem no texto legal do artigo 115.

A corrente substancialista argumenta que, ao artigo 115 definir o "voto abusivo" em torno das duas hipóteses ilícitas[164], pontua a necessidade da verificação substancial dos danos causados pelos votos exercidos contrariamente ao interesse guardado nas operações da companhia, conforme exposto no subitem "c" acima.

Nesta linha, sob o arrazoado de que os conceitos de "voto abusivo" e "conflito de interesses" são interligados, posto que cuidam de hipóteses relativas à manifestação da vontade de forma adversa ao interesse coletivo[165], consideram que a Lei 6.404/76 vincula-se a uma interpretação sobre os conflitos de interesses muito mais ampla que a de um simples entendimento formal (Novaes e França, 1993, p. 94).

Com isso, frente ao contraste de vontades característico de uma relação contratual bilateral ou multilateral a qual envolve a figura do acionista, o livre exercício do direito de voto deste "agente" deve ser considerado a regra, presumida a sua boa-fé (Cunha, 2007, p. 279). Da mesma forma que ocorre com a aplicação do conceito do caput, eventuais manifestações contrárias ao interesse coletivo devem ser avaliadas em concreto.

Ao abrigo desta retórica, ressaltam que as vedações ao exercício do direito de voto vêm sendo gradativamente restringidas a hipóteses excepcionais, em razão da concentração empresarial a qual atinge o mundo econômico moderno (Novaes e França, 1993, p. 94). Neste sentido, a própria

---

[162] Nos moldes da problemática definição adotada pela literatura brasileira, conforme proposto no presente item. Esta mesma observação serve as próximas citações deste conceito.

[163] Neste sentido, Salomão Filho (2006), na nota nº 16 da página 99, comentando a passagem do texto de Luiz Gastão Paes de Barros Leães.

[164] Do voto emulativo ou daquele que causa prejuízo à companhia e aos seus acionistas na medida do ganho auferido ao tomador da decisão ou a terceiro a ele relacionado.

[165] Neste sentido: Novaes França, (1993), página 93, ao comentar o argumento de Modesto Carvalhosa.

LSA cuidou de disciplinar, por meio de uma regra apartada à do artigo 115, a relação entre sociedades coligadas e grupos de sociedades, nos seus capítulos XX e XXI[166].

Não seria crível, então, que a lógica normativa se direcionasse a uma interpretação meramente formal dos conflitos de interesses, dado que tal entendimento praticamente tornaria inviável o exercício do voto de uma sociedade controladora na assembleia de uma sociedade controlada (Brasil. CVM, 2010a, § 32), por exemplo.

Além disso, o artigo 117, alínea "f"[167], da LSA, lido a contrário senso, permite afirmar que um acionista controlador, mesmo contratando sob conflito de interesses, não decide contrariamente ao interesse coletivo se transacionar em condições equitativas e livres de favorecimento especial (Novaes França, 1993, p. 96).

Em suma, o argumento da corrente que advoga pela verificação substancial do conflito, circula em torno da ideia de que o contraste de interesses entre as partes envolvidas na relação contratual não necessariamente implica em interesses conflitantes. Quer dizer, objetivos diferentes não são obrigatoriamente colidentes, podem mesmo ser coincidentes ou complementares[168].

Assim, no âmbito de uma transação conflitante, o acionista que possui objetivo contraposto ao da companhia, pode votar em consonância com o interesse social ou, no mínimo, de forma não colidente a este. Nesta razão, não faz sentido falar em proibição do voto anterior à deliberação, mas apenas em eventuais e casuísticas averiguações da manifestação do sufrágio suspeito de ser veículo de um interesse colidente ao da empresa[169], o que

---

[166] Com especial atenção aos artigos 245 e 276.

[167] "[...] § 1º São modalidades de exercício abusivo de poder: [...] f) contratar com a companhia, diretamente ou através de outrem, ou de sociedade na qual tenha interesse, em condições de favorecimento ou não equitativas; [...]."

[168] Neste sentido: Cunha (2007), na página 278, na citação de trecho de parecer escrito por Bulhões Pedreira.

[169] É possível encontrar este raciocínio em algumas decisões administrativas, por exemplo, nos seguintes excertos: "A presunção *a priori* é algo, a meu ver, muito violento e assistemático dentro do regime do anonimato, pois afasta a presunção de boa-fé, que me parece ser a presunção geral e mais tolhe um direito fundamental do acionista ordinário que é o direito de voto, no pressuposto de que ele não teria como resistir à tentação. Dito de outra forma, estar-se-ia a expropriar o direito de voto do acionista no pressuposto de que ele poderia vir a prejudicar a companhia mediante o seu exercício, em virtude de um aparente conflito de

empresta dinamicidade ao trato empresarial, quando por um lado permite transações essenciais às operações da companhia e, por outro, possibilita as circunstanciais desconstituições de votos viciados[170 e 171].

Mais uma vez em contraponto, os defensores da verificação formal do conflito de interesses vão de encontro à interpretação substancialista, advogando pela proibição do exercício de voto do acionista em deliberações nas quais possua interesse conflitante com o da companhia.

Para tal, utilizam do mesmo raciocínio sobre a contraposição de vontades, tomada como própria da natureza do negócio jurídico e sem a qual não há contrato bilateral ou multilateral. A diferença essencial em relação a postura da outra corrente é a de que este contraste de interesses das partes se mostra agora como a "razão formal para a suspensão do exercício do voto do acionista pré-contratante ou contratante com a sociedade" (Carvalhosa, 2003, p. 464).

A sustentação deste argumento recorre primeiro à formação das vontades envolvidas no negócio, arrazoando que a lei não pressupõe a lesão do interesse social ou qualquer ilícito pelo voto do acionista que contrata com a companhia sob conflito de interesses, motivo pelo qual este conceito não se liga ao de voto abusivo[172].

Os autores afirmam, então, que a lei não visa proibir este tipo de negócio, mas sim que ela simplesmente não admite a formação da vontade de uma parte pela outra (Carvalhosa, 2003, p. 464). Quer dizer, a participação do acionista em duas posições contrapostas é lícita, porém se mostra como razão suficiente à suspensão do seu direito ao exercício do voto[173].

---

interesse." (Brasil. CVM, 2001, § 50); ou, "Olhando a parte final do parágrafo final 1º pelo outro lado, verifica-se que se a deliberação não puder beneficiar o acionista de modo particular e/ou se o seu interesse estiver sintonizado com o interesse da companhia ele estará admitido a votar. Ele poderá votar." (Brasil. CVM, 2002).

[170] Neste sentido: o voto proferido pelo colegiado da CVM (2010a), no § 34, ao comentar o trecho do texto de João Pedro Barroso do Nascimento.

[171] Nos moldes da anulação de deliberação trazida pelo § 4º do artigo 115: "A deliberação tomada em decorrência do voto de acionista que tem interesse conflitante com o da companhia é anulável; [...]".

[172] A lesão patrimonial como pré-requisito da caracterização do voto conflitante não é uma ideia pacífica nem mesmo entre os autores que defendem a verificação substancialista, para mais detalhes sobre o assunto, vide: nota nº 142.

[173] Neste sentido: Salomão Filho (2006), na nota nº 16 da página 99.

Nesta linha, a corrente formalista afirma que a LSA utilizaria o termo "conflito" em seu sentido lato, abrangendo qualquer situação na qual o acionista esteja contratando com a sociedade e que, portanto, ocupe as duas posições contratuais ao mesmo tempo[174].

Por isso, com a disposição expressa do § 1º do artigo 115, pela qual "o acionista não poderá votar nas deliberações (...) em que tiver interesse conflitante com o da companhia", não se faz possível qualquer exclusão desta negativa da lei (Brasil. CVM, 2010a, § 37), ou seja, por esta corrente o acionista deve sempre ser proibido de votar nas deliberações relativas aos negócios que celebra com a sociedade, diretamente ou velado por um terceiro[175 e 176].

Além disso, os defensores deste entendimento sustentam que, a permissão legal conferida às transações entre as sociedades coligadas, controladoras e controladas, bem como de grupos societários, nada tem de

[174] Neste sentido: Cunha (2007), na nota nº 658 da página 276, ao comentar um trecho do voto de Norma Parente.

[175] Um bom exemplo é o seguinte trecho de um acórdão do CRSFN, catalogado sob o número 4120 da 233ª Sessão: "A questão fulcral é que, havendo, como havia, interesse da coligada externa e indiretamente de sua controlada e ora apelante na celebração do contrato, essa deveria ter se abstido de votar, com o que teria evitado materialização do conflito. Na situação concreta quando o contrato foi submetido à deliberação, possuíam as apeladas interesses que poderiam ser tidos por conflitantes, dado que iriam decidir acerca de acordo em que participavam tanto no lado do contratante quanto no do contratado. Verifica-se, também que os votos das recorridas foram fundamentais para aprovação do contrato de prestação de serviços, já que os demais acionistas que votaram, com exceção de apenas um, manifestaram-se contrários a assinatura do acordo. Isso significa dizer que, sem o voto das indiciadas, não teria sido aprovado o contrato, do qual advieram benefícios para as duas votantes, donde concluir-se que deveriam ter se abstido de votar, evitando-se a materialização do conflito.", trecho citado em Cunha (2007), página 278.

[176] A celeuma instalada entre estas duas correntes tem respaldo na interpretação do texto legal, o qual dá subsídios a ambos os argumentos, apesar de diametralmente opostos. Um exemplo interessante de um texto dedicado a regulação da matéria, o qual aparentemente não abre nenhum espaço para uma divergência deste tipo, é trazido pelo item 1.6.5 do Código de Melhores Práticas de Governança Corporativa do IBGC de 2015. Diferentemente do artigo 115 da LSA, ele não estabelece hipóteses onde possa haver alguma discussão sobre a vedação do exercício de voto conflitante verificável *a priori* ou *a posteriori*, mas sim, estabelece que, por qualquer motivo no qual o acionista tenha interesse conflitante com o da companhia, ele deverá se abster da discussão e votação do tema: "O sócio que, por qualquer motivo, tiver interesse conflitante com o da organização em determinada deliberação [deverá] (...) abster-se de participar da discussão e da votação dessa matéria; (...)." (IBGC, 2015, p. 33). Contudo, tal Código é de adoção voluntária, por isso, é apenas uma exceção à regra da Lei 6.404/76.

CONFLITO DE INTERESSES NAS COMPANHIAS

contraditório com a proibição do voto em situações de conflito de interesses. Isto pois, o negócio pode ser proposto e firmado, conquanto a aprovação seja conferida pelos outros acionistas[177] (Brasil. CVM, 2010a, § 38).

Por fim, o alegado efeito dinâmico aos negócios, trazido pela análise *ex post* do conteúdo material do voto pode ser contrastado pelos formalistas como uma desconsideração do risco *ex ante* de o acionista agir em benefício próprio. Assim, os possíveis efeitos deletérios causados pela verificação prévia do conflito, e a consequente suspensão do exercício do direito de voto do acionista interessado, seriam uma natural contrapartida da proteção concebida em favor dos interesses dos demais sócios desinteressados no negócio.

e. Interpretação intermediária das duas correntes: possibilidade de verificação do conflito "a priori" e "a posteriori"

A jurisprudência administrativa da CVM recentemente trabalhou uma modalidade interpretativa[178] do momento de verificação dos conflitos de interesses que é capaz de conjugar elementos das duas correntes expostas acima[179].

[177] Um exemplo de julgado neste sentido: "O acionista controlador, por força do disposto no parágrafo 1º do artigo 115 da Lei nº 6.404/76, está impedido de votar em decisão assemblear em que tenha interesse, no caso o pagamento de royalties pelo uso de marca pertencente ao controlador indireto." (Brasil. CVM, 2001).

[178] Cuja ideia não é muito nova, datada de 1990, em parecer de Fábio Konder Comparato. Vide: nota nº 208, página 92 de Novaes França (1993).

[179] As duas correntes interpretativas da configuração dos conflitos de interesses, de um lado a formalista e de outro a substancialista, guiaram o entendimento do colegiado da Comissão de Valores Mobiliários (CVM) e do Conselho de Recursos do Sistema Financeiro Nacional (CRSFN) nos últimos anos, de maneira alternada. Os julgados citados de maneira esparsa ao longo do presente item, se organizados em ordem cronológica, podem revelar um padrão nas decisões destas instâncias administrativas a partir do início dos anos 2000, com base na descrição realizada por Carvalhosa (2011), páginas 518-540. Até a decisão recorrentemente citada no presente trabalho, CVM (2010a), de setembro de 2010, o último voto proferido na autarquia contemplando a verificação formal do conflito de interesses foi no ano de 2001 (IA-CVM nº RJ 2001/4977). A partir do final de 2002 (IA-CVM nº RJ 2002/1153) passou a prevalecer o entendimento no sentido da verificação substancial do conflito, interpretação a qual, no mesmo ano encontrou amparo no CRSFN (Processo CVM nº 04/99). Este entendimento foi mesmo além da problemática do conflito de interesses, atingindo o benefício particular, tratado no início do subitem "d" desta seção, de modo a confirmar a sua configuração apenas *a posteriori* à deliberação (CVM nº RJ 2007/11.592). Desta forma, durante o período entre 2002

Pondera-se que a lei brasileira, em atenção ao princípio geral da vedação do juízo em causa própria, proíbe o exercício do direito de voto do acionista em deliberações nas quais o objetivo seja manifestamente conflitante com o interesse social. As matérias que se encaixam nesta hipótese referem-se "ao laudo de avaliação de bens com que concorrer para a formação do capital social e à aprovação de suas contas como administrador".

A proibição do voto nas outras duas possibilidades[180] trazidas pelo § 1º do artigo 115, dependem de que o conflito de interesses transpareça "*a priori,* da própria relação ou negócio sobre que se vai deliberar" (Brasil. CVM, 2010, § 58)[181]. Quer dizer, a aplicação do comando trazido no início do § 1º, "O acionista não poderá votar", depende que o conflito seja evidente e objetivamente aferível antes de a deliberação ser submetida à votação, situação na qual o impedimento deve ser sumário, em linha com os argumentos em prol da verificação formal.

No caso deste conflito não transparecer claramente em momento prévio a deliberação, a proibição não deixa de existir, porém deverá ser invocada pelos demais acionistas após a manifestação do sufrágio, visando eventual anulação da deliberação. Desta forma, a revisão ocorrerá por meio de uma avaliação substancial do conteúdo do voto, nos moldes dos argumentos daqueles defensores da verificação substancial, conforme exposto acima.

---

e 2010, estes dois órgãos franqueavam ao acionista a faculdade de exercer o voto, o qual seria anulável se comprovada, posteriormente a deliberação, a colidência entre os objetivos deste e o interesse social, cumulada ou não com a prova de dano (vide: nota nº 142, *op. cit.*). É possível citar também algumas decisões judiciais as quais seguem no mesmo sentido, por exemplo, um acórdão proferido pelo STJ (REsp 131.300/RS), em linhas gerais baseado nos mesmos argumentos. Finalmente, em 2010, o colegiado da autarquia voltou a decidir pela verificação formal do conflito de interesses (Processo CVM nº RJ 2009/13.179), quando, por meio de um detalhado arrazoado o colegiado decidiu pelo impedimento formal da acionista controladora de uma companhia aberta em exercer o seu direito de voto na deliberação sobre negócio entre ela e a sociedade listada. Para um histórico mais detalhado sobre a atuação da CVM e do CRSFN neste período, vide: Carvalhosa (2011), páginas 518 e seguintes.

[180] "O acionista não poderá votar nas deliberações da assembléia-geral [...] que puderem beneficiá-lo de modo particular, ou em que tiver interesse conflitante com o da companhia."

[181] Na parte em que o Diretor-relator cita trecho do parecer de Fábio Konder Comparato.

2.3. O debate tradicional se acomoda à nova contabilidade pós IFRS ou a discussão sobre o conflito de interesses merece um novo enfoque?

A contabilidade pode ser genericamente compreendida como uma ferramenta que viabiliza a comunicação da empresa com os diversos interessados em suas operações. Dada a natureza econômica da sociedade empresarial[182], tal comunicação tem como objeto central o desempenho do empreendimento, que deve ser acessível por meio das demonstrações contábeis e/ou outras formas de evidenciação de informações (Padoveze e Benedicto, 2012, p. 04).

Quais sejam as modalidades de divulgação, elas devem ter como objetivo primordial o fornecimento de dados "sobre a posição patrimonial e financeira da empresa, que sejam úteis a um grande número de usuários em suas avaliações e decisões" (Fernandes, 2011, p. 07). Quer dizer, esta comunicação deve ser suficiente para que os credores, financiadores, investidores e órgãos de fiscalização[183] avaliem como e quão eficientemente as decisões de acionistas e administradores servem ao emprego dos recursos da sociedade. Tais juízos devem servir para que eles possam racionalmente decidir sobre: a compra, venda ou manutenção de valores mobiliários da companhia; sobre a concessão de empréstimos ou crédito; bem como acerca da aplicação de sanção pertinente (IASB, 2010, p. A27)[184].

Por este raciocínio, a contabilidade funciona como a linguagem universal no mundo dos negócios (Padoveze *et. al.*, 2012, p. 03), assumindo a forma de um canal provedor das informações essenciais à tomada de decisões dos entes que guardam algum interesse na empresa. Entretanto, apesar da semelhança encontrada entre as demonstrações financeiras exigidas em diferentes países e mercados, são notáveis as divergências existentes (IASB, 2010, p. A24).

---

[182] Trazida como requisito do contrato de sociedade pelo art. 981 do Código Civil.

[183] Rol segundo o *conceptual framework* do IASB (2010), na página A27, com exceção do órgão fiscalizador, incluído pelo autor em consonância com os sujeitos "interessados nas operações da companhia", mencionados ao longo do trabalho. Para mais detalhes sobre os usuários das informações, vide: item 1.5, "a" do presente trabalho.

[184] Respectivamente pelos parágrafos "OB4" e "OB2" do Capítulo 1, com exceção da aplicação sancionatória, a qual decorre do raciocínio sobre os usuários das informações, exposto na nota nº 183, *op. cit.*

Tais diferenças nas informações obrigatórias requeridas, provavelmente foram e ainda são frutos da atenção às necessidades de distintos interlocutores das sociedades empresárias, em razão de circunstâncias econômicas e sociais locais (IASB, 2010, p. A24). A consequência prática é utilização de "linguagens" particularizadas, as quais atribuem conceitos e significados díspares para um mesmo ato ou fato, complicando os julgamentos e as ações dos interessados.

a. Harmonização da linguagem contábil e o atributo da comparabilidade: *"International Financial Reporting Standards"* (IFRS) como método baseado na transparência

A utilidade das informações prestadas por uma empresa à avaliação de seu usuário, além da qualidade dos dados divulgados, depende da comparabilidade destes com períodos anteriores da mesma sociedade e com as demonstrações de outros empreendimentos do mesmo setor, concorrentes ou não (Fernandes, 2011, p. 08). A função deste atributo comparativo é a de proporcionar a baliza que serve ao julgamento o qual ampara a decisão da parte interessada.

Por exemplo, ao ter a chance de confrontar os resultados de exercícios financeiros diferentes de uma mesma empresa, o sujeito pode avaliar a repercussão de um negócio específico nos lucros sociais. Se este mesmo sujeito tiver condições de comparar tal negócio com uma transação similar realizada por um empreendimento concorrente, ele pode ponderar sobre a eficiência da contratação à luz das circunstâncias trabalhadas por cada uma das empresas.

Ou seja, munido das informações divulgadas pela empresa e da oportunidade do emprego de processos comparativos que sirvam de parâmetros, o interessado pode combinar estas duas esferas para realizar um juízo que lhe permita tomar a decisão que melhor atenda ao seu objetivo.

Deste argumento retira-se a importância da harmonização das demonstrações financeiras[185], seja a de tornar possível, ou no mínimo facilitar, o exercício da comparabilidade das informações por sujeitos internos ou externos à empresa, participantes ou não do mesmo mercado. Isto, tanto na modalidade vertical entre exercícios financeiros da mesma sociedade,

---

[185] Em linha com as bases do IAS 1, *Presentation of Financial Statements*, IASB (2011).

quanto na horizontal entre empresas do mesmo setor, integrantes do mesmo mercado ou não[186].

No trabalho de estreitamento das diferenças entre as linguagens contábeis, destaca-se primeiro o *International Accounting Standards Committee* (IASC). Fundado em 1973, conduziu a redação de normas contábeis a serem aplicáveis internacionalmente, com o intuito de promover a homogeneização da contabilidade no mundo. Tais regras ficaram conhecidas como *International Accounting Standards* (IAS). No ano de 2001, o IASC sofreu uma reorganização estrutural, a qual deu origem ao *International Accounting Standard Board* (IASB). Este segundo órgão de destaque sucedeu o primeiro, assumindo a sua estrutura e alguns projetos em andamento (Mourad e Paraskevopoulos, 2010, p. 01).

Com especial atenção dedicada à preparação e apresentação das demonstrações financeiras, o foco do novo conselho recai na conciliação das regras, modelos e métodos relativos a divulgação de informações, de modo a atender as necessidades da maioria dos usuários interessados (IASB, 2010, p. A24), tanto em âmbito nacional quanto internacional. Nesta linha, o IASB alterou e revalidou alguns dos IAS e criou novas normas, chamadas de *International Financial Reporting Standards* (IFRS).

Tais normas de contabilidade proferidas pelo IASB, apresentam um conceito normativo baseado em princípios gerais e não em regulamentos excessivamente detalhados e formalizados, sempre com o objetivo central de implementar maior transparência nas demonstrações contábeis (Mourad *et. al.*, 2010, p. 01). A fim de que a almejada transparência não se tornasse apenas um recurso retórico e vazio, mas que trouxesse utilidade aos usuários das informações publicizadas, as reformas dos IAS e a criação dos IFRS foram pensadas como mecanismos para a impulsão de certas características qualitativas dos dados divulgados.

Brevemente, em primeiro lugar, as informações devem ser elaboradas de forma coesa e coerente, sendo compreensíveis ao homem comum[187]; além

---

[186] A comparabilidade com mercados diferentes, seja por participantes de outro ambiente negocial ou entre empresas listadas em países diferentes, por exemplo, possibilita que investidores estrangeiros saibam "jogar com as mesmas regras", facilitando o aporte de capital externo. Para mais detalhes, vide: Padoveze *et. al.* (2012), página 09.

[187] Dotado de conhecimentos básicos dos negócios empreendidos pela a companhia, a fim de que tenha a capacidade técnica mínima e necessária para a interpretação dos dados.

disso, devem ser relevantes à avaliação do interessado[188], por isso seu conteúdo deve ser material, quer dizer, a omissão ou inexatidão deve repercutir na ação do usuário e em razão desta última característica, é imprescindível que sejam confiáveis[189], para que não induzam os interessados a erro.

Desta forma, as regras harmônicas sobre a divulgação de informações aliadas a transparência dos dados produzidos, pretendem trazer uma evolução em relação a sistemas localizados, oferecendo aos usuários o acesso à dados que comparáveis vertical ou horizontalmente, deem solidez à tomada de decisões dos interessados nas operações da sociedade empresarial, finalidade precípua da linguagem contábil.

Nos mercados internacionais, a demanda pela implantação de um novo padrão de comunicação entre a empresa e os sujeitos nela interessados ganhou notoriedade, sobretudo após os escândalos da "Enron", em 2002, atendendo à constatação prática de que aquelas regras contábeis vigentes não vinham mais dando conta da realidade econômica (PWC, 2010, p. 07).

Tal conclusão nasceu do fato de que as informações divulgadas não eram capazes de refletir as operações das companhias e a utilização dos seus recursos pela administração, consequentemente, o desempenho do empreendimento tornava-se inacessível. Diante disso, os graves problemas vivenciados pelas sociedades empresárias apareciam repentinamente para muitos dos interessados, sem que pudessem tomar parte da situação, ou no mínimo alguma decisão, para que não fossem obrigados a suportar os riscos inadvertidamente.

b. IFRS no Brasil: incremento da governança corporativa e repercussão na temática do conflito de interesses

Adotado por quase todas as grandes economias, já é possível afirmar que o IFRS figura como a linguagem contábil oficial ao redor do mundo (PWC, 2010, p. 08). No Brasil, a convergência ao novo padrão, junto das suas

---

[188] Caso contrário não serve à comunicação esperada pelo uso da contabilidade, qual seja o acesso ao desempenho do empreendimento para que o usuário seja munido de subsídios às suas decisões.

[189] Para mais práticos pertinentes, vide: Fernandes (2011), páginas 41-45 e Mourad *et. al.* (2010), páginas 12-16.

alegadas vantagens, iniciou com a criação do Comitê de Pronunciamentos Contábeis (CPC), no ano de 2005[190].

Subordinado ao Conselho Federal de Contabilidade (CFC), o CPC é formado por representantes de entidades nacionais interessadas na aplicação das normas internacionais[191]. Seu objetivo é o estudo, preparo e emissão de pronunciamentos técnicos sobre os procedimentos contábeis voltados à uniformização das regras brasileiras ao padrão do IFRS. O resultado de seus trabalhos não possui força cogente, logo servem de orientação às entidades reguladoras nacionais na emissão de suas normas próprias[192].

No âmbito das companhias de capital aberto, um importante passo veio com a Lei nº 11.638 de 2007, a qual modificou a redação do artigo 177 da Lei das Sociedades por Ações, incluindo o § 5º. Este novo texto determina que as normas relativas a demonstrações financeiras expedidas pela CVM[193] deverão ser elaboradas em consonância com padrões internacionais de contabilidade, empregados nos principais mercados de valores mobiliários[194].

Então, em atenção à nova disposição legal, a CVM publicou em dezembro de 2009 a Instrução Normativa nº 480, a qual cria um novo instrumento de divulgação periódica das informações[195] obrigatórias prestadas pelas sociedades anônimas emissoras de valores mobiliários[196], o "Formulário de Referência", já embasado no modelo do novo padrão internacional.

Conforme disposto na Instrução Normativa nº 457, também da CVM, a partir do exercício financeiro findo em 2010, todas as demonstrações financeiras consolidadas das companhias de capital aberto obrigatoriamente já deveriam seguir o novo padrão.

---

[190] Por meio da resolução nº 1.055 de 2005 do Conselho Federal de Contabilidade.

[191] São elas: ABRASCA; APIMEC Nacional; Bovespa; Conselho Federal de Contabilidade; FIPECAFI; e IBRACON.

[192] As quais podem aprovar que determinado pronunciamento sirva aos sujeitos por elas regulados. Como exemplo de tais entidades reguladoras temos a CVM, o Banco Central ou a SUSEP.

[193] Entidade responsável por regulamentar a emissão e fiscalização dos valores mobiliários listados nos incisos do art. 2º da Lei nº 6.385/76, nos moldes do § 3º do mesmo artigo.

[194] "§ 5º As normas expedidas pela Comissão de Valores Mobiliários [...] deverão ser elaboradas em consonância com os padrões internacionais de contabilidade adotados nos principais mercados de valores mobiliários."

[195] Em substituição do antigo "Informativo Anual" (IAN).

[196] Nos moldes dos artigos 1º, § 2º e 21, inciso II da Instrução nº 480 da CVM.

Em relação ao antigo Informativo Anual, o Formulário de Referência já alinhado ao IFRS, trouxe um sensível ganho qualitativo na demanda das informações periódicas prestadas pelas companhias de capital aberto, com saliente atenção no tocante ao tema central do presente trabalho, o conflito de interesses nas decisões negociais de acionistas e administradores.

Este novo instrumento de divulgação direciona a produção e publicação das informações, acerca das instâncias decisórias, sem primar apenas pelo seu enquadramento em modelos estanques e formalizados, pois apesar de requerer informações obrigatórias objetivas, ele também é guiado pelo princípio geral da transparência, conforme trabalhado no subitem anterior.

Tal orientação geral abre espaço para que as companhias criem e divulguem políticas próprias dedicadas ao tratamento das decisões tomadas em seus órgãos deliberativos[197]. Esta possibilidade decorre do fato de que a útil interpretação dos negócios[198] realizados nos diferentes empreendimentos empresariais não dependem apenas de quesitos objetivos, a complexidade e as peculiaridades operacionais de uma companhia podem, por vezes, demandar justificativas e/ou regras e políticas particulares à formalização da proposta ou concretização de um contrato.

Assim, a inovação trazida pelo IFRS, além de requerer das empresas que abram tantos dados materiais quantos forem necessários para a compreensão dos negócios, sugere às companhias que criem mecanismos próprios para que o usuário interessado tenha a chance de realizar um julgamento crítico aguçado sobre a postura da sociedade frente às práticas comerciais descritas[199].

A repercussão direta desta mudança na temática dos conflitos de interesses é a de que alguns tipos de negócio, comumente celebrados em favor dos interesses de acionistas e/ou administradores[200], passam a ser objeto do novo modelo de divulgação de informações[201].

---

[197] Desde que tais informações respeitem a compreensibilidade, relevância, materialidade e confiabilidade.

[198] Pelos usuários interessados, a fim de que possam basear as suas decisões.

[199] Neste sentido: PWC (2010), página 21.

[200] Vide: item 1.3 do capítulo 1.

[201] Por exemplo, os contratos celebrados entre a companhia e os acionistas e/ou administradores e a remuneração dos executivos, divulgadas respectivamente pelos itens nº 16 e nº 13 do Formulário de Referência.

CONFLITO DE INTERESSES NAS COMPANHIAS

Em linha com o entendimento sobre governança corporativa adotado no presente trabalho, no item, 1.5, "b", há um pontual enriquecimento do conteúdo e dos limites do sistema de governança neste assunto específico, seja pelas informações objetivas e obrigatórias agora requeridas ou em razão das regras e políticas próprias[202] dedicadas ao tratamento dos negócios propostos e deliberados.

Tal sistema de governança serve tanto ao cálculo racional do acionista ou administrador que deve decidir pela contratação, quanto à fiscalização do investidor ou terceiro interessado. Por isso, a publicização das informações nos moldes do IFRS, repercute na atuação do "agente" que não deseja ser acusado de deliberar em benefício próprio, bem como na capacidade de fiscalização, avaliação e decisão dos usuários das informações.

Assim, a temática do conflito de interesses, pelo menos relativamente às companhias listadas em Bolsa, recebe um tratamento bem diferente daquele dado anteriormente a adoção do IFRS. Agora, o foco recai na elaboração e divulgação das informações produzidas pela companhia acerca dos negócios por ela celebrados e em vias de sê-lo, com atenção às características qualitativas e à utilidade que deve prestar ao interessado.

c. Debate teórico tradicional sobre o conflito de interesses centrado em solução estanque pela regra: mitigação do risco ou intervencionismo e desconsideração de soluções próprias

A celebração de negócios sob conflito de interesses faz parte do dia a dia das companhias brasileiras listadas[203], em parte por conta da concentração da titularidade das ações representativas do capital das empresas abertas[204]. Nesta linha, o embate de interesses retratado pelos especialistas da área costuma ser aquele entre o acionista controlador e os acionistas minoritários.

O acionista que detém a maioria dos votos tem a prerrogativa de se colocar, diretamente ou velado por um terceiro o qual representa o seu interesse, como contraparte da companhia em um negócio e, por vezes,

---

[202] Regras e políticas próprias da companhia são chamadas no presente trabalho de "mecanismos particulares ou voluntários", expressão esta que integra o título do trabalho.

[203] Neste sentido: item 05 do pronunciamento técnico CPC 05 (R1) de 2010.

[204] Para mais detalhes, vide o segundo item da introdução do presente trabalho.

aprová-lo sozinho. Os demais acionistas, minoritários, são os sujeitos que suportam os riscos de arcar com os eventuais prejuízos decorrentes de condições possivelmente desfavoráveis à companhia nos termos dos contratos.

Ponderar sobre as razões de eficiência destas modalidades negociais conflitivas é demasiadamente complexo e arriscado, quando cada empresa, individualmente, possui necessidades e desafios funcionais próprios. Por isso, determinadas contratações da sociedade listada com um de seus beneficiários, ou algum ente a eles atrelado, pode mesmo ser a melhor opção disponível.

Por este argumento, a verificação substancial dos conflitos de interesses se mostra conveniente, posto que atende à eficácia operacional da companhia ao não interferir na sua liberdade contratual. Contudo, esta postura carrega um problema ocasionado pela premissa a qual baseia o seu desenvolvimento, que é a mitigação da existência do risco de a parte que possui interesse conflitante agir em benefício próprio.

Um negócio celebrado entre a companhia aberta e o seu acionista controlador, seja diretamente ou por meio de uma empresa na qual detém participação, por exemplo, potencialmente tem chances de tender ao benefício do segundo. Isto ocorre porque o acionista ocupa as duas posições contratantes, prerrogativa suficiente para realizar a oportunidade de direcionar a transação em seu benefício pessoal[205]. Assim, o risco se mostra intrínseco ao negócio[206] e, por conseguinte, pode ser conhecido anteriormente a celebração do mesmo.

Sustentar a possibilidade de verificação do conflito entre o objetivo do acionista e o interesse da companhia apenas posteriormente a manifestação do voto, sob o argumento da boa-fé presumida deste "agente" e/ou sob a ideia da confiança recíproca entre os sócios[207], chega a ser um tanto quanto ingênuo, ao desconhecer a complexidade do problema, ou "pró controlador", por conta de uma retórica oportuna em favor da liberdade deliberativa deste ente.

---

[205] Para mais detalhes sobre os aspectos teóricos do risco envolvido no negócio, vide o item 1.1 "c" e para mais detalhes sobre as modalidades negociais sob estas circunstâncias, vide o item 1.3, ambos do presente trabalho.

[206] Vale ressaltar que o risco é intrínseco ao negócio, o que é diferente da confirmação da extração do benefício privado pelo controlador, isso seria a realização da hipótese que tem a chance de ocorrer.

[207] Por exemplo, conforme argumentado na decisão do colegiado da CVM (2001), § 50.

CONFLITO DE INTERESSES NAS COMPANHIAS

Se, diante da reclamação de um interessado, chegar a ocorrer tal verificação posterior ao voto, ela deverá comparar o conteúdo do sufrágio ao "interesse da companhia", por meio da verificação de cumprimento dos deveres fiduciários[208]. A má definição e composição deste conceito[209] e, consequentemente, a dificuldade que ele impõe à definição dos padrões de conduta para a sua persecução, permite a qualquer crítico do mercado brasileiro afirmar que, excluídas as confusões originadas pela conceituação do interesse social, na prática o formador deste interesse é o próprio controlador, já que é ele quem define o direcionamento das operações da sociedade.

Assim, a manifestação de interesse pessoal do acionista controlador avaliada à luz de um interesse social por ele direcionado, soa como um patente esvaziamento da proteção dos objetivos daqueles demais investidores interessados nas operações da companhia.

Já a corrente que sustenta a verificação formal dos conflitos de interesses, de forma oposta, considera a existência prévia do risco, logo, não sustenta a verificação do conflito de interesses apenas posteriormente à deliberação a qual aprova o negócio. Entretanto, ela traz um problema na sua proposta de solução, baseado no intervencionismo direto aplicado ao processo decisório da empresa.

Apesar desta corrente não defender a proibição da celebração de negócios sob conflito, não faz qualquer ressalva à vedação do exercício do direito de voto do acionista interessado. Por isso, a deliberação de uma transação nestas condições deve ser obrigatoriamente realizada pelos demais sócios, os não interessados. Uma interferência desta monta no processo decisório pode acabar gerando no mínimo mais três problemas.

Primeiro, é factível cogitar que falte aos acionistas desinteressados a qualificação técnica para deliberar sobre o assunto, o que pode trazer consequências gravíssimas à companhia, a depender da relevância da matéria submetida à votação.

Em segundo lugar, no mercado brasileiro de baixa dispersão da titularidade das ações, quando o controlador é parte interessada, os minoritários têm a chance de se tornarem desproporcionalmente poderosos em relação às suas participações no capital social. Em última análise, esta situação

---

[208] De acordo com a mecânica exposta no item 2.2 "a" do presente trabalho.
[209] Exposta no item 2.2 "b" do presente trabalho.

poderia ser uma forma de violação do direito de propriedade do acionista majoritário, cerceado do exercício de suas prerrogativas como sócio.

Por fim, é necessário considerar que os acionistas ditos "desinteressados" podem não ser independentes em relação à figura do acionista controlador. Neste caso, uma solução aparentemente oportuna para o contorno da deliberação conflitiva pode apenas mudar o problema de lugar.

Portanto, em resumo, a corrente substancialista adia o reconhecimento do risco intrínseco ao negócio celebrado sob conflito de interesses para depois da concretização da transação, com eventuais soluções condicionadas ao requerimento da parte interessada. Opostamente, a corrente formalista adianta a consideração do risco e propõe a saída do problema para momento anterior ao negócio. Por uma ou por outra, a oportunidade para a construção de soluções próprias pelas empresas, visando o alinhamento dos interesses dissonantes antes da deliberação[210], é perdida.

Na primeira corrente, a existência do potencial conflito e a hipótese de eventual colisão de interesses são admitidas apenas *ex post*. Com isso, não há que se tratar a possibilidade da criação de mecanismos ou políticas próprias direcionadas ao alinhamento dos objetivos dissonantes antes de manifestado o voto conflitivo.

Quanto a segunda corrente, apesar de ela reconhecer a potencialidade do conflito de interesses *ex ante*, uma postura excessivamente rígida nesta linha descarta a oportunidade de alinhamento por meio de um dispositivo particular, posto que a única medida disponível é a irrestrita proibição do exercício de voto do interessado[211].

d. Solução pela articulação de informações: sugestão de deslocamento do debate

Pela exposição das críticas às soluções substanciais e formais feitas no subitem anterior, é possível afirmar que essas correntes provêm interpretações retóricas[212] da LSA, levando o sujeito envolvido na relação conflituosa a

---

[210] Neste sentido, o raciocínio que serve de guia à exposição abaixo é proveniente do voto proferido pelo ex-diretor da CVM Alexsandro Broedel Lopes, na decisão do colegiado CVM (2010a), § 44 e seguintes.

[211] Neste sentido: CVM (2010a), § 57.

[212] Compreendendo a interpretação retórica não no seu sentido depreciativo, como uma fala empolada sem significado, mas como um tipo de explicação embasada na articulação de

se posicionar no debate com respaldo em argumentos de autoridade[213], selecionados convenientemente ao tempo do litígio.

Tais argumentos são construídos pelos autores da área[214] quando se situam ao longo dos posicionamentos possíveis defendendo as suas opiniões pessoais, as quais variam na razão da premissa[215] que aceitam para o desenvolvimento do raciocínio teórico. A divergência em relação a posição doutrinária adotada pelos sujeitos envolvidos no conflito obviamente depende de qual lado da demanda eles ocupam.

A parte interessada na transação deve buscar a predominância do argumento substancialista, a fim de garantir a sua liberdade na deliberação, o sujeito prejudicado deve se defender pela posição contrária, argumentando em favor da verificação formal do conflito com a consequente proibição do exercício do voto interessado.

Ante a disponibilidade dos novos recursos trazidos pelo advento do IFRS, representados pelo detalhamento das informações objetivas sobre o conteúdo material dos contratos e pelas regras, políticas e justificativas dedicadas ao tratamento dos conflitos de interesses é possível cogitar um deslocamento no foco do debate atinente à temática.

Ao invés de pensar o Direito como uma técnica para a verificação temporal de ocorrência dos conflitos, por meio de uma "ginástica" interpretativa da lei que pode oferecer respostas convincentes aos dois extremos diametralmente opostos[216], pode ser mais interessante utilizar os subsídios e a noção geral de transparência do IFRS a fim de concebê-lo como um

---

conceitos complexos construídos e/ou direcionados pelo próprio intérprete na defesa de sua conclusão final. É pela qualidade retórica deste debate que as conclusões de duas correntes distintas sobre um mesmo assunto podem ser diametralmente opostas.

[213] Compreendidos como argumentos que partem de razões arbitrariamente definidas pelo intérprete, ensejando a adoção de premissas as quais encaminham o raciocínio em direção diferente de um intérprete que parta de outra razão também arbitrariamente definida e, portanto, assume outra premissa.

[214] Aqueles que se envolveram ou ainda se envolvem ativamente na defesa de uma das duas correntes interpretativas trabalhadas, alguns destes doutrinadores foram citados das notas nº 140 e nº 141 do presente trabalho.

[215] Para aqueles que defendem a corrente substancialista, a premissa de presunção de boa-fé do acionista interessado, portanto, a admissão do exercício de seu direito de voto e da verificação material do conflito, *ex post*; e para os autores filiados a corrente formalista, a premissa relativa ao reconhecimento da existência formal do risco, *ex ante*, com a consequente proibição prévia do exercício do voto conflitivo.

[216] Sobre este espaço conferido pela Lei 6.404/76, vide: nota nº 176 do presente trabalho.

provedor de informações[217] relativas ao problema em estudo. Para compreender a proposta desta noção, é necessário recorrer ao entendimento sobre governança corporativa empregado no trabalho.

Na linha da argumentação realizada no item 1.5, "b", a substância conceitual da governança corporativa é hipoteticamente conhecida mediante a articulação das informações relativas a três categorias de transparência: estrutural, organizacional e financeira, as quais, reunidas pelo usuário, dão origem ao que foi chamado de sistema de governança corporativa.

A interpretação das regras que direcionam tais esferas de transparência e, consequentemente, os contornos e o conteúdo do sistema de governança próprio de cada ambiente negocial, serve à construção de uma pauta aos acionistas e administradores, quando revela o regramento a ser observado por eles no exercício de suas posições, bem como as informações as quais deverão ser divulgadas sobre qualquer de seus atos. Com isso, um "agente" racional que não deseja ter a sua conduta questionada, não deve tomar decisões que ultrapassem os limites do sistema de governança no qual a companhia está inserida.

Do lado oposto aos tomadores de decisão, este sistema de governança pode ser útil à fiscalização dos interessados nas operações da companhia, pois mediante o mesmo raciocínio interpretativo disposto aos acionistas e administradores, estes interessados podem verificar se as deliberações tomadas pelos primeiros estão dentro dos limites do sistema.

Na linha desta definição, as inovações trazidas pelo IFRS no incremento quantitativo e qualitativo[218] das informações prestadas pelas sociedades listadas, em relação ao tratamento do problema do conflito de interesses, colaboram diretamente com parte do incremento das mencionadas três esferas de transparência e, portanto, na demarcação mais precisa do conteúdo e dos limites do sistema de governança neste assunto específico.

A lógica que sustenta tal relação direta tem base na articulação das informações disponibilizadas pela empresa, tanto internamente entre elas mesmas, quanto externamente, junto das normas cogentes que vinculam

---

[217] Nos moldes da proposta de criação deste padrão contábil, descrito no item 2.3 "a" do presente trabalho.

[218] Respectivamente, as informações objetivas mais detalhadas e o espaço para a criação e divulgação de políticas próprias, por exemplo. Para mais detalhes, vide: item 2.3, "b".

CONFLITO DE INTERESSES NAS COMPANHIAS

o empreendimento, pois o conteúdo das aludidas esferas de transparência, no que tange a sua parcela dedicada aos meios de tratamento dos problemas ligados ao conflito de interesses, é definido por dois grupos de regras gerais.

Primeiro, aquelas que direcionam os dados a serem divulgados pelas companhias acerca de negócios já celebrados e as etapas internas que as sociedades devem observar na contratação entre elas e seus beneficiários. Em segundo lugar, as normas legais[219] que estabelecem obrigações, vedações, princípios gerais e objetivos a serem perseguidos pelas companhias e, por isso, respeitados pelos acionistas e administradores. Nesta razão, ambos os grupos respondem por parte da formação de tal sistema de governança corporativa.

Por si só, os elementos reunidos dentro deste sistema não têm nenhuma utilidade, o seu emprego depende do trabalho do usuário interessado, que deverá ser responsável pela articulação dos dados disponíveis. Assim, no que tange a preocupação com o tema em estudo, tal articulação deve ser suficiente para deduzir e interligar as informações sobre regras e políticas individuais, incentivos e proibições legais que atingem as companhias quando se tratam de negócios celebrados sob conflito de interesses.

O que interessa deste conhecimento e articulação das instâncias dedicadas à relação conflituosa é a chance de estabelecer os contornos dos procedimentos observados pela empresa perante este tipo de contratação.

Então, ao lado da LSA e das regras específicas proferidas pelos entes reguladores, os mecanismos particulares criados e divulgados pelas empresas figuram como responsáveis por parte do incremento do sistema de governança e como um dos elementos que servem à procedimentalização da solução oferecida aos conflitos de interesses. Quer dizer, as saídas criadas pelas próprias empresas em direção do alinhamento de interesses dissonantes assumem o papel de um dos componentes servientes às melhores práticas de governo da empresa.

---

[219] Necessariamente a Lei nº 6.404/76 e as instruções da CVM, regras estas que vinculam todas as sociedades emissoras de valores mobiliários. Outras regras podem fazer parte do sistema de governança, por exemplo, os regulamentos dos segmentos de listagem na BM&F Bovespa ou as deliberações expedidas pelo BACEN, as quais vinculam as instituições financeiras.

Essa procedimentalização é especialmente importante na temática em estudo, pois ela abre uma via alternativa à celeuma criada na interpretação da LSA. Isto é factível porque ao ter disponível um procedimento necessário à contratação de determinados negócios que envolvam os interesses de acionistas e/ou administradores da companhia, não importa mais aquela interpretação sobre a verificação do "interesse conflitante" e as tradicionais soluções *ex ante* ou *ex post*, mas apenas a saída estabelecida pela própria sociedade empresarial. A aceitação desta concepção pode gerar, no mínimo, três consequências práticas.

Em primeiro lugar, a mais evidente delas é a de que frente a obrigatoriedade do procedimento estabelecido, evitam-se aqueles posicionamentos extremados pela verificação substancial ou formal do conflito, respectivamente sustentados oportunamente pela parte interessada e a parte que alega a existência da colisão entre os interesses.

Em seguida, e como resultado da primeira, é possível afirmar que sem a insegurança da adoção dessas posições extremas por uma das partes, são conhecidos mais precisamente os limites dos envolvidos nas deliberações da companhia, estabelecidos previamente em regra ou política própria da companhia. Com isso, tende a ser mitigado o problema "principal-agente", posto que os poderes e prerrogativas do segundo devem ser antecipadamente estabelecidos pelo primeiro.

Em terceiro lugar, o afastamento das soluções tradicionais retira o julgamento acerca do cabimento dos negócios celebrados sob conflito de interesses do âmbito das interpretações retóricas, de modo que os sujeitos participantes do mercado assumem a posição central.

Com as qualidades técnicas de seus setores de operação, eles não chegam a proferir juízos sobre a viabilidade dos negócios, mas sim sobre a qualidade do tratamento oferecido a eles. Isso deve ocorrer na razão da motivação que tal tratamento empresta à decisão pelo oferecimento, manutenção ou retirada de investimento.

Nesta linha, uma discussão mais interessante que o momento no qual é verificável o interesse conflitante, parece ser aquela de como o Direito pode aproveitar da demanda por transparência do IFRS para regular a produção e a divulgação de certas informações. Estas podem servir ao enriquecimento do sistema de governança, possibilitando que sua articulação seja suficiente para compor os procedimentos particulares que mantém aberta a chance do alinhamento *ex ante* dos interesses conflitantes, por meio da

CONFLITO DE INTERESSES NAS COMPANHIAS

observação de regras específicas e necessárias à celebração dos negócios entre a companhia e os seus beneficiários[220].

Cumpre observar que esta sugestão de deslocamento do debate não é uma proposta de desregulação do tema ou de desconsideração da LSA. Diante dos problemas de formação da argumentação teórica das duas correntes expostas neste item é possível pensar esta proposta como uma via alternativa às soluções litigiosas por critérios substanciais ou formais, solução, esta, prévia e voluntariamente construída pela companhia a qual, por critérios particulares, estabelece mecanismos próprios para o alinhamento dos objetivos conflitantes.

Tal sugestão serve ao respaldo de boas práticas de governança corporativa, mas não ao ingresso na discussão jurídica tradicional. Isso porque o enfoque indicado aparenta ser bom para pensar e criar elementos para o incremento do sistema de governança disponível aos interessados nas operações da companhia, ao passo que não oferece soluções para as demandas judiciais relativas aos problemas decorrentes de negócios celebrados sob conflito de interesses[221]. Essa deficiência decorre da concepção do papel do direito por trás da proposta teórica realizada.

Na sugestão do presente item, o direito é pensado como uma forma de evitar a concretização do conflito entre os objetivos dos interessados, solucionando a questão sem que seja levada às vias litigiosas. Para tanto, deve servir de guia à produção de informações que, articuladas pelos usuários, são capazes de procedimentalizar a tomada de decisões ou as barganhas na celebração dos negócios conflitivos, via "atos de melhor governança" (CVM,

---

[220] Nesta linha, segue o trecho do voto proferido pelo já mencionado ex-diretor da CVM, Alexsandro Broedel Lopes, na decisão do colegiado da CVM (2010a), §§ 64-66: "Dirão que conflito nunca poderá ser resolvido, *ex ante* [...] em atos de melhor governança. Acredito, no entanto, que o estudo constante do assunto, das evoluções nos arranjos negociais do mercado, poderá, ao menos em tese, trazer uma solução para o problema ora em debate. Não podemos afirmar que o conflito de interesses não poderá ser resolvido, *ex ante*. Essa possibilidade precisa manter-se aberta. [...] Meu entendimento é que essa visão está alinhada com alguns debates encontrados internacionalmente e encontra embasamento em pensamentos de alguns importantes doutrinadores [...]".

[221] Esta proposta de noção do direito pode ser útil ao estudo e à criação de mecanismos aplicáveis previamente aos negócios contratados sob conflito de interesses. Na ausência de um dispositivo deste tipo, na sua ineficácia ou inaplicabilidade a produção de informações nestes moldes se torna temporalmente inócua, posto que visam firmar procedimentos para o alinhamento dos objetivos dissonantes antes da realização do negócio.

2010, § 64) dentro do sistema por elas composto e no qual a companhia está inserida. Compreensão esta diversa da visão tradicional descrita, pela qual o direito opera como uma técnica que oferece soluções estanques, *ex ante* ou *ex post*, para os interesses colidentes.

O raciocínio que ampara esta proposta teórica depende de três premissas básicas. Em primeiro lugar, a informação divulgada pela empresa listada deve ser acessível a todos os interessados e destituída de ambiguidades que dificultem a sua interpretação. Em segundo lugar, as ações da companhia devem possuir liquidez suficiente para que o usuário dessas informações possa decidir pela manutenção ou retirada do investimento, exclusivamente ou em grande parte, motivado pela interpretação das informações relativas à contratação de negócios conflitivos, sem suportar prejuízos excessivos[222]. Em terceiro lugar, a companhia não deve criar regras ou políticas particulares que apresentem qualquer caráter ilegal.

Uma crítica norteada pela descrença nos arranjos próprios do mercado pode argumentar que existem grandes chances de a companhia ter o seu capital social representado por ações de baixa liquidez, o que dificultaria a retirada de investimento dos usuários das informações diante de um julgamento negativo do procedimento adotado, de modo a reduzir os incentivos para a criação de mecanismos dedicados ao problema dos conflitos de interesses. Ainda pode sustentar que existem grandes chances de a empresa criar regras e políticas ilegais e/ou abusivas.

Para um intérprete guiado por este raciocínio, a proposta teórica do presente trabalho tem uma aplicação limitada. Diante da concepção do papel do Direito como um provedor de informações, ela deve ser compreendida como uma forma de incremento do sistema de governança[223], porém, não deverá servir à interpretação e julgamento pelo interessado sobre o oferecimento, manutenção ou retirada de investimento. Deste modo, há de se considerar que a fiscalização da atuação dos "agentes"

---

[222] Na ausência de um resultado econômico negativo decorrente da retirada de investimento com base na interpretação e articulação das informações divulgadas, ou da simples falta delas, é possível supor que a sociedade listada não teria incentivos para a criação e publicação de mecanismos próprios dedicados aos negócios conflitivos, conforme apresentado no item 2.3, "b" do presente trabalho.

[223] Por meio do detalhamento das informações objetivas sobre o conteúdo material dos contratos aprovados sob conflito de interesses e pelas políticas, mecanismos e justificativas dedicadas ao tratamento deste problema.

CONFLITO DE INTERESSES NAS COMPANHIAS

deve ser facilitada, oferecendo subsídios para a composição dos litígios judiciais a serem solucionados por uma das interpretações tradicionais apresentadas.

Em que pese as possíveis críticas e a tendência arraigada da literatura nacional em buscar soluções por critérios substanciais ou formais, hoje em dia é interessante a pesquisa de vias alternativas às soluções judiciais, privilegiando o estudo do alinhamento de interesses e a consequente mitigação *ex ante* do problema de agência[224].

2.4. Como o raciocínio sugerido pode ser exemplificativamente aplicado às transações entre partes relacionadas?

a. Regras definidoras das transações entre partes relacionadas: IAS 24, CPC 05 (R1) e Deliberação da CVM nº 642

O direcionamento contábil internacional acerca da divulgação de negócios celebrados entre partes relacionadas é trazido pelo IAS 24, para a sua adaptação ao mercado brasileiro este padrão foi primeiro objeto de pronunciamento do CPC, sob o número 05 (R1), mais tarde tal pronunciamento foi aprovado pela CVM em 2010, na Deliberação nº 642, tornando-se obrigatório a todas as companhias emissoras de valores mobiliários[225].

Então, nos moldes da referida Deliberação da CVM, em seu item nº 9, uma "parte relacionada" à companhia pode ser definida como:

---

[224] Neste sentido, tem-se a preocupação manifestada pela ex-presidente da CVM. Em julho de 2012, às vésperas do final de seu mandato, ela colocou o aperfeiçoamento das transações entre partes relacionadas como um dos principais desafios a serem enfrentados pelo mercado de capitais brasileiro. Maria Helena Santana delineou a sua expectativa em torno da necessidade de aderência das companhias abertas a regras que minimizem os conflitos de interesses, para além do que prevê a Lei (Valor Econômico, 2012, p. B2). No mesmo sentido, a decisão proferida pelo colegiado da autarquia sob a relatoria do ex-diretor Alexsandro Broedel Lopes, já citada acima, vide: nota nº 220.

[225] Além da CVM, o CPC 05 (R1) foi aprovado pelo CMN, mediante a Resolução nº 3.750/09; pela ANS, na sua Instrução Normativa nº 322/13, Anexo I; pela SUSEP, na sua Circular nº 483/14, Anexo IV; e pelo CFC, na sua NBC TG 05 (R3), de modo que as entidades submetidas a estes órgãos reguladores ficam sujeitas ao tal CPC 05 (R1). Disponível em: http://www.cpc. org.br/CPC/Documentos-Emitidos/Pronunciamentos/Pronunciamento?Id=36

CONFLITO DE INTERESSES NO BRASIL – LEI 6.404/76, IFRS...

"[...] a pessoa ou a entidade que está relacionada com a entidade que está elaborando suas demonstrações contábeis [...]".

A generalidade dos termos "pessoa" ou "entidade" poderia gerar confusões na aplicação do conceito de parte relacionada, por isso, o mesmo item nº 9 cuida do estabelecimento de uma extensa lista com certas condições alternativas e/ou cumulativas a serem preenchidas pela tal pessoa ou entidade contraparte da sociedade listada:

[...]

(a) Uma pessoa, ou um membro próximo de sua família, está relacionada com a entidade que reporta a informação se:

(i) tiver o controle pleno ou compartilhado da entidade que reporta a informação;

(ii) tiver influência significativa sobre a entidade que reporta a informação; ou

(iii) for membro do pessoal chave da administração da entidade que reporta a informação ou da controladora da entidade que reporta a informação.

(b) Uma entidade está relacionada com a entidade que reporta a informação se qualquer das condições abaixo for observada:

(i) a entidade e a entidade que reporta a informação são membros do mesmo grupo econômico (o que significa dizer que a controladora e cada controlada são inter-relacionadas, bem como as entidades sob controle comum são relacionadas entre si);

(ii) a entidade é coligada ou controlada em conjunto (*joint venture*) de outra entidade (ou coligada ou controlada em conjunto de entidade membro de grupo econômico do qual a outra entidade é membro);

(iii) ambas as entidades estão sob o controle conjunto (*joint ventures*) de uma terceira entidade;

(iv) uma entidade está sob o controle conjunto (*joint venture*) de uma terceira entidade e a outra entidade for coligada dessa terceira entidade;

(v) a entidade é um plano de benefício pós-emprego cujos beneficiários são os empregados de ambas as entidades, a que reporta a informação e a que está relacionada com a que reporta a informação. Se a entidade que reporta a informação for ela própria um plano de benefício pós-emprego, os empregados que contribuem com a mesma serão também considerados partes relacionadas com a entidade que reporta a informação;

(vi) a entidade é controlada, de modo pleno ou sob controle conjunto, por uma pessoa identificada na letra (a);

(vii) uma pessoa identificada na letra (a) (i) tem influência significativa sobre a entidade, ou for membro do pessoal chave da administração da entidade (ou de controladora da entidade).

Deste modo, se em razão do seu relacionamento com a companhia que elabora as demonstrações contábeis, a pessoa ou entidade for enquadrada em uma das situações acima, qualquer negócio que venha a celebrar com tal sociedade listada será uma transação com parte relacionada. Neste sentido, vem o conceito originariamente trazido pelo IAS 24, traduzido também no item nº 9 do CPC 05 (R1):

> "Transação com parte relacionada é a transferência de recursos, serviços ou obrigações entre uma entidade que reporta a informação e uma parte relacionada, independentemente de ser cobrado um preço em contrapartida."

b. Inserção na problemática dos conflitos de interesses: influência na decisão das contrapartes e o risco da extração de benefícios privados

O que torna as transações entre partes relacionadas um problema no campo de estudo dos conflitos de interesses é a influência que a pessoa ou entidade, relacionada à companhia que reporta as informações, guarda no processo decisório das duas partes que compõe a relação contratual.

Na linha da modalidade negocial descrita no item 1.3 "a", os "negócios entre a companhia e os seus administradores e acionistas em prejuízo dos 'principais'", o "agente", administrador e/ou acionista, entendido como a pessoa ou entidade relacionada, tem a oportunidade de formar, ou no mínimo de influenciar, a decisão da companhia pela sua própria contratação ou de alguma terceira parte que represente o seu interesse.

Então, a manifestação prática do problema guardado por uma transação entre partes relacionadas está no risco de que o "agente" se utilize da sua posição ambivalente para extrair benefícios pessoais da celebração do negócio.

Isto pode se dar pelo pior preço e/ou qualidade dos produtos e serviços fornecidos e pelas condições desfavoráveis do contrato à companhia,

CONFLITO DE INTERESSES NO BRASIL – LEI 6.404/76, IFRS...

aferível desde que existam parâmetros comparativos dentro de um mercado competitivo, ou ainda, pela má negociação dos termos do negócio feita pelo "agente", quando comparado com as possibilidades negociais que poderiam ter sido desenvolvidas por um sujeito independente, na ausência de um mercado competitivo[226].

A hipótese destas transferências indevidas de riquezas não é mera especulação, existem evidências empíricas de alguns trabalhos internacionais apontando o uso destas transações em busca de objetivos particulares da parte relacionada[227].

Em relação ao mercado brasileiro, existem também indicações de que os negócios celebrados entre partes relacionadas estão negativamente ligados ao valor de mercado das companhias e às boas práticas de governança corporativa (Oda, 2010, p. 05), o que endossa a probabilidade dessas operações oferecerem a chance de o "agente" trabalhar em benefício próprio e em detrimento dos objetivos de seus "principais".

Visto que este tipo de contratação é frequentemente realizada pelas companhias abertas a fim de promover ininterruptamente parcela de suas atividades[228], é plausível acessar o estudo da temática dos conflitos de interesses pelo recorte que dedica atenção exclusiva a essa modalidade de negócio.

c. Importância da divulgação das transações entre partes relacionadas: demonstração dos efeitos no resultado

Frente às possibilidades genéricas de uma pessoa ou entidade retirar benefícios particulares por meio dos contratos celebrados, direta ou indiretamente, entre eles e a companhia aberta, as divulgações de informações sobre as transações entre partes relacionadas aparecem como um método para refletir o impacto destes negócios no resultado financeiro da sociedade listada.

O conhecimento deste impacto é imprescindível ao usuário das informações contábeis, posto que tais transações podem afetar diretamente

---

[226] Para mais detalhes sobre os parâmetros comparativos, vide: item 1.4 "c".
[227] Para a consulta de alguns exemplos, vide: Silveira *et. al.* (2009), páginas 04-05.
[228] Conforme trazido pelo item nº 05 do IAS 24, traduzido no item nº 05 da Deliberação nº 642 da CVM.

CONFLITO DE INTERESSES NAS COMPANHIAS

as avaliações que o interessado realiza sobre as operações da companhia, guardando a chance de levá-lo a tomar decisões diferentes sobre os riscos e oportunidades de investimento caso não conhecesse os dados publicados[229].

Assim, o item nº 18 da Deliberação 642 da CVM obriga a companhia prestadora de informações a divulgar em suas demonstrações contábeis: a natureza do relacionamento entre as partes relacionadas, informações sobre o objeto dos negócios, saldos existentes, compromissos futuros resultantes da transação e demais informações necessárias para a melhor compreensão dos efeitos gerados.

Nesta razão, o item nº 18 prevê a necessidade de a empresa divulgar, no mínimo, os seguintes dados objetivos:

[...]

(a) montante das transações;

(b) montante dos saldos existentes, incluindo compromissos, e:

(i) seus prazos e condições, incluindo eventuais garantias, e a natureza da contrapartida a ser utilizada na liquidação; e

(ii) detalhes de quaisquer garantias dadas ou recebidas;

(c) provisão para créditos de liquidação duvidosa relacionada com o montante dos saldos existentes; e

(d) despesa reconhecida durante o período relacionada a dívidas incobráveis ou de liquidação duvidosa de partes relacionadas.

d. Conteúdo das informações que incrementam o sistema de governança corporativa: mecanismos em busca do alinhamento de interesses ou mínimas justificativas para a relação conflitiva

A divulgação apenas de dados objetivos sobre as transações entre partes relacionadas não é suficiente para a compreensão de políticas próprias das companhias perante a contratação destes negócios. Assim, a motivação geral do IFRS pela busca de transparência nas operações da empresa[230] gera uma demanda por informações subjetivas, produzidas pelas companhias, a fim de que mostrem ao mercado as posturas particulares que adotam perante contratos celebrados com os seus próprios beneficiários, diretamente ou indiretamente.

---

[229] Neste sentido: CVM (2010), itens 6-8.
[230] Assunto tratado no item 2.3 "b".

Em se tratando de um exercício comum nas atividades de uma sociedade empresária[231], é de se esperar desta postura subjetiva das companhias a divulgação dos mecanismos voltados ao alinhamento dos interesses dissonantes, ou no mínimo, as justificativas para a aprovação dos negócios firmados com as partes relacionadas[232 e 233]. A importância destas informações pode ser refletida por duas conclusões opostas.

Se for possível conhecer as regras, políticas e práticas que guiam as etapas internas a serem cumpridas em determinada empresa para a concretização de um contrato, o qual *a priori* guarde potencial conflitivo, é razoável supor que tal comportamento denota um cuidado especial da sociedade empresária perante estes negócios.

Opostamente, se tais contratos são celebrados sem a baliza de mecanismos prévios criados pela companhia, ou se nem mesmo é possível sabê-lo, também é plausível supor que a falta de critérios para a aprovação deve ocasionar um aumento nas oportunidades para retirada de vantagens pessoais pelos seus acionistas e/ou administradores.

Nesta razão, a utilidade prática destas informações sobre as regras e políticas particulares, utilizados pela companhia no alinhamento dos interesses dissonantes, remete-se ao incremento do sistema de governança utilizado pelo usuário interessado.

e. Exigência de informações sobre o tratamento dos conflitos de interesses pela Instrução CVM nº 480, itens 12.2, d; 12.3, c e 16.1 do formulário de referência

Em atenção às necessidades de harmonização das demonstrações contábeis brasileiras ao padrão do IFRS, em dezembro de 2009 a CVM editou a Instrução nº 480 a qual, entre outras inovações, criou o já mencionado formulário de referência.

A importância deste documento para o tema em estudo foi o estabelecimento de três campos específicos de preenchimento obrigatório, por meio dos quais as companhias têm a oportunidade de divulgarem informações

---

[231] O que torna pouco provável que a companhia alegue não realizar tal modalidade de negócio, suposição, esta, em linha com o item nº 05 do CPC 05 (R1).
[232] Em consonância com as suas dificuldades operacionais próprias.
[233] Neste sentido, o Ofício Circular nº 02 da CVM de 2011.

CONFLITO DE INTERESSES NAS COMPANHIAS

acerca de suas regras e políticas próprias direcionadas ao tratamento dos conflitos de interesses[234].

Segundo o artigo 24 e o anexo nº 24 da mesma Instrução, tais campos correspondem aos itens números 12.2, d; 12.3, c e 16.1 do formulário de referência, os quais requerem, respectivamente, os seguintes dados:

> 12.2 – Descrever as regras, políticas e práticas relativas às assembleias gerais, indicando; [...] d. identificação e administração de conflitos de interesses
>
> 12.3 – Descrever as regras, políticas e práticas relativas ao Conselho de Administração, indicando: [...] c. regras de identificação e administração de conflitos de interesse
>
> 16.1- Descrever as regras, políticas e práticas do emissor quanto à realização de transações com partes relacionadas, conforme definidas pelas regras contábeis que tratam desse assunto, indicando, quando houver uma política formal adotada pelo emissor, os locais em que ela pode ser consultada

O item 12.2, d cuida da divulgação de informações subjetivas a respeito do tratamento dos conflitos de interesses em assembleias gerais. Já o item 12.3, c toma conta do mesmo assunto no âmbito das decisões tomadas no conselho de administração. Nas duas instâncias deliberativas pode ocorrer a submissão à votação de um negócio entre partes relacionadas, por isso tais itens merecem a atenção do estudo.

Sem prejuízo das informações requeridas pelo item 12, o item 16.1 requer informações específicas acerca de regras, políticas e práticas das sociedades perante a realização de transações entre partes relacionadas.

Cumpre ressaltar que conforme já exposto na introdução, não há nenhuma norma cogente que obrigue as sociedades listadas a adotarem algum tipo de regra, política ou prática específica, quer dizer, o formulário de referência apenas cria um espaço para a divulgação voluntária destas.

Portanto, oferecida a oportunidade às companhias, pode se esperar três atitudes por parte delas: primeiro, que apresentem de forma organizada os seus mecanismos próprios, em segundo lugar, que informem a inexistência de qualquer comportamento subjetivo aplicável ou, em terceiro lugar, que tomem a inovação legal como um incentivo para a criação de regras e políticas particulares.

---

[234] Além do campo previsto pelo item 16.2 do formulário de referência, no qual as companhias listadas devem divulgar o conteúdo objetivo dos contratos celebrados com partes relacionadas.

CONCLUSÕES FINAIS

As conclusões finais são expostas em quatro tópicos dedicados a abordar brevemente: o entendimento sobre a aplicação da governança corporativa no Direito; a abordagem tradicional amparada no conceito de interesse social; a adoção do IFRS e; a proposta teórica alternativa.

Entendimento sobre a governança corporativa aplicada ao Direito

Os itens 1.1 e 1.2 do capítulo 1 servem a um delineamento geral dos aspectos teóricos necessários à discussão da temática, trazendo: o conceito básico de "interesse" para o Direito, as circunstâncias fundamentais para a existência de um conflito de interesses relevante ao campo jurídico e as teorias que rivalizam a interpretação da noção de interesse no direito societário.

A complexidade destas teorias sobre o interesse social, aliadas à sua descontextualização em relação ao ambiente econômico e jurídico brasileiro, motivam a adoção da teoria da agência como uma saída alternativa. Assim, com este norte teórico, o item 1.3 trata de situações práticas as quais potencialmente veiculam conflitos de interesses, na sequência, o item 1.4 traz as estratégias legais possíveis para o combate do problema por elas causado.

O capítulo 1 termina com o item 1.5, o qual trata da transparência de informações como um método possível para o enfrentamento dos conflitos de interesses, especificamente por meio de um entendimento sobre a governança corporativa aplicada ao Direito.

Ao invés de ser conhecida por um conceito estático formado pela reunião de modelos éticos ou deveres fiduciários padronizados, propõe-se que

CONFLITO DE INTERESSES NAS COMPANHIAS

a governança corporativa seja compreendida como um sistema dinâmico, formado por regras específicas de cada ambiente econômico e jurídico, individualmente considerados, de modo a assumir que existem diferentes sistemas de governança corporativa, na medida da quantidade possível de combinações das regras que os formam.

A relação com a estratégia legal da transparência é a de que, as regras formadoras deste entendimento sobre a governança corporativa devem versar sobre a divulgação de informações relativas: à constituição dos cargos de alta-gestão; ao processo decisório e às decisões negociais, e aos resultados financeiros da companhia.

A interpretação de tais regras deve ser suficiente para delinear os poderes, as prerrogativas, os incentivos e as competências atribuídas aos acionistas e administradores na gestão da companhia, bem como as limitações e as proibições que atingem as suas funções. Nesta razão, o sistema de governança serve tanto ao tomador de decisão quanto ao interessado nas operações da sociedade empresarial.

Ao primeiro, funciona como uma baliza à suas decisões, oferecendo os instrumentos para que avalie racionalmente a sua atuação frente ao que é permitido e esperado da sua função dentro do sistema de governança no qual está inserido. Ao segundo, as informações divulgadas de acordo as regras que formam o sistema de governança servem de subsídios para que avaliem se as decisões da alta-gestão se encontram dentro dos limites estabelecidos por ele.

A abordagem tradicional amparada no conceito de interesse social

O capítulo 2, em seu item 2.1, inicia trazendo as regras da Lei nº 6.404/76 dedicadas à disciplina dos acionistas e administradores da companhia em situações que se encontram sob conflito de interesses, acompanhadas de alguns esclarecimentos dos conceitos que as baseiam.

Na sequência, o item 2.2 apresenta as estratégias jurídicas destes artigos de Lei, encaminhando a interpretação de que, a falta de hipóteses taxativas de situações objetivamente consideradas conflituosas, alicerça a aplicação das regras na avaliação do cumprimento de deveres fiduciários pelos acionistas e administradores, o que depende de um conceito específico presente em quase todos os dispositivos dedicados à matéria, o interesse social.

CONCLUSÕES FINAIS

Conhecido o interesse social, seria possível delinear os comportamentos esperados dos "agentes" para buscá-lo, bem como também seria factível comparar a atuação destes à persecução de tal objetivo final. Isso seria suficiente para avaliar se alguma decisão já tomada, ou em vias de sê-la, respeita os deveres de conduta do "agente".

Então, já que os deveres de conduta são pensados como um direcionamento à busca do interesse da companhia, a prova do desrespeito de uma decisão a qualquer dever fiduciário seria uma forma segura de afirmar que ela foi, ou está em vias de ser tomada, sob o conflito entre os interesses do tomador de decisão e o interesse da companhia.

Um conceito tão importante quanto esse é objeto de longas discussões jurídicas, apesar disso, a sua indeterminação fica com o destaque. Compreendido pela maioria dos autores trabalhados como uma transcendência dos interesses individuais em nome de uma finalidade compartilhada por todos os interessados nas operações da sociedade empresarial, ele traz uma enorme confusão à sistemática de avaliação dos deveres fiduciários.

Um ponto específico da interpretação deste conceito, qual seja, o momento no qual é verificável a existência do interesse conflitante, motiva a celeuma instalada na doutrina nacional referente ao tema, separando de um lado os autores que defendem a interpretação substancial dos conflitos de interesses e de outros aqueles inclinados a interpretação formal dos conflitos.

A primeira corrente sustenta que a confirmação de existência do conflito é apenas substancialmente aferível, razão pela qual este grupo defende uma análise casuística dos atos questionados e a eventual aplicação *ex post* das disciplinas legais. Neste caso, a avaliação postergada para momento além da tomada de decisão recai sobre o elemento factual do comportamento do acionista ou administrador, ponderando acerca da incompatibilidade entre o objetivo que foi buscado pelo "agente" e a realização do interesse social.

Opostamente, a segunda corrente defende que as possíveis manifestações de conflito de interesses são formalmente verificáveis, logo não há a necessidade de avaliar o resultado das condutas conflitivas. Desta forma, as medidas legais de combate aos problemas causáveis por elas são aplicáveis *ex ante*, ou seja, tão logo um negócio mostre seu potencial conflitivo ele deverá ser tratado por alguma regra pertinente, sem o adiamento da verificação.

A adoção do IFRS e a proposta teórica alternativa

A abordagem alternativa a essas duas correntes se desenvolve na esteira do novo método contábil adotado pelo Brasil a partir da Lei 11.638 de 2007, o *International Financial Reporting Standards* (IFRS), apresentado no início do item 2.3.

Este novo método, concebido sob a proposta geral de guiar a produção de informações relevantes à tomada de decisões dos usuários, causou salientes mudanças no mercado nacional. Relativamente ao tema estudado, a adaptação ao IFRS motivou a CVM a criar um novo instrumento de divulgação periódica de informações, dirigido às sociedades emissoras de valores mobiliários, o formulário de referência, por meio da Instrução nº 480 de 2009.

O novo instrumento, sem primar apenas pelo enquadramento das informações em modelos estanques e formalizados, traz um sensível ganho qualitativo dos dados requeridos em relação ao antigo Informativo Anual (IAN).

Isto pois, além de requerer das empresas que abram tantos dados materiais quantos forem necessários para a compreensão da condução das operações da empresa, sugere às companhias que criem mecanismos próprios para que o usuário interessado tenha a chance de realizar um julgamento crítico aguçado sobre a postura da sociedade frente a situações específicas.

Relativamente à temática do conflito de interesses, estes mecanismos próprios podem ser entendidos como regras particulares de cada companhia dedicadas ao alinhamento dos interesses conflitantes. Quer dizer, regras criadas pelas empresas, em atenção às suas necessidades, capazes de evitar o embate entre os objetivos dos acionistas e administradores e os objetivos dos demais interessados nas operações da companhia.

As interpretações tradicionais da doutrina brasileira são incompatíveis com este novo panorama. Adotadas convenientemente pelo advogado, a depender da parte que representa na demanda, as duas correntes desprezam a criação de mecanismos para a resolução do conflito antes de se tornarem objeto de um processo administrativo ou judicial.

A corrente substancialista, em favor da parte que busca exercer o voto conflitante, desconsidera o risco do problema antes da manifestação do sufrágio do "agente", sob o argumento da boa-fé presumida deste sujeito e/ou sob a ideia da necessária confiança recíproca entre os sócios. Já a

CONCLUSÕES FINAIS

corrente formalista, adotada pela parte prejudicada com o exercício do voto conflitivo, apesar de reconhecer a potencialidade do problema antes da manifestação do voto, não faz qualquer exceção à proibição do seu exercício.

Então, pela primeira corrente não há que se tratar a possibilidade da criação de mecanismos próprios direcionados ao alinhamento dos objetivos dissonantes antes de manifestado o voto conflitivo, pois, ele deve ser exercido e eventualmente questionado por aquele que provar a motivação pessoal do interessado. De acordo com a segunda também não há que se cogitar a criação de qualquer mecanismo particular, porque a única medida disponível por sua lógica é a irrestrita proibição do exercício de voto do interessado.

A proposta teórica alternativa a estas duas abordagens tradicionais nega que o Direito assuma o simples papel de uma técnica para a verificação temporal de ocorrência dos conflitos, de acordo com o formato *ex post* ou *ex ante* construído pelas duas correntes tratadas. Diferentemente, o concebe como um provedor de informações, com apoio nas inovações trazidas pelo IFRS e no entendimento sobre a governança corporativa aplicada ao Direito, acima descrito.

O raciocínio é simples, a demanda do novo método contábil pelo acréscimo quantitativo e qualitativo das informações prestadas pelas sociedades listadas colabora diretamente com parte do incremento das regras de transparência formadoras do sistema de governança.

O que interessa desta ideia para a temática específica em estudo é a chance de articular as regras próprias da companhia, dedicadas à relação conflituosa, com as demais regras componentes do sistema, de modo a estabelecer os contornos dos procedimentos observados pela empresa perante este tipo de contratação.

Então, os mecanismos particulares criados e divulgados pelas empresas figuram como responsáveis por parte do incremento do sistema de governança e como um dos elementos que servem à procedimentalização da solução oferecida aos conflitos de interesses.

Essa procedimentalização é especialmente importante na temática em estudo, pois, ela abre uma via de fuga em relação às duas correntes interpretativas da LSA. Isto é factível porque, ao ter disponível um procedimento necessário à contratação de determinados negócios que envolvam os interesses de acionistas e/ou administradores da companhia, não importa mais aquela interpretação sobre a verificação do "interesse conflitante" e

CONFLITO DE INTERESSES NAS COMPANHIAS

as tradicionais soluções *ex ante* ou *ex post*, mas apenas as saídas construídas pela própria sociedade empresarial.

Nesta linha, uma discussão mais interessante que o momento no qual é verificável o interesse conflitante, parece ser aquela de como o Direito pode aproveitar da demanda por transparência do IFRS para regular a exigência da produção e a divulgação de certas informações, bem como o modo pelo qual pode direcionar a elaboração das regras particulares.

Por fim, é possível afirmar que, seguindo a linha de raciocínio da proposta teórica, o enriquecimento do sistema de governança aumenta as chances de que a sua articulação seja suficiente para compor os procedimentos particulares que mantém aberta a chance do alinhamento dos interesses conflitantes no âmbito da própria companhia, sem que seja necessário levá-lo às vias administrativas ou judiciais.

Proposta teórica à luz dos estudos

Considerando que as regras particulares criadas e divulgadas pelas companhias podem servir ao incremento do sistema de governança corporativa, é possível afirmar de plano que poucas empresas da amostra estudada aproveitam esta oportunidade.

Ao contrário, quando a maior parte das sociedades listadas atribui ao conselho de administração ou deixa aos órgãos ordinariamente competentes a função de administrar as transações entre partes relacionadas, sem regras específicas para a identificação e tratamento dos conflitos de interesses ou apoiadas em regras problemáticas, há de fato a promoção de uma dificuldade no uso sistema de governança para este tema em específico.

A falta de informações prejudica a baliza dos acionistas e administradores no momento da tomada de decisões, pois lhes faltam subsídios para conhecer exatamente os poderes, as prerrogativas, os incentivos e as competências que lhes são conferidas, diminuindo a precisão da avaliação sobre o que é permitido e esperado do desempenho de seu cargo no âmbito do sistema de governança que está inserido.

Ao sujeito interessado nas operações da companhia, a falta de informações o impede de conhecer os procedimentos empregados pelas empresas nas transações entre partes relacionadas e, portanto, prejudica a

CONCLUSÕES FINAIS

fiscalização da conduta da alta gestão, pois lhe faltam elementos para avaliar a decisão dos "agentes" ou mesmo para conhecer a existência do conflito.

Isso o submete à interpretação formalista do problema, se porventura o conflito de interesses for conhecido antes da deliberação poderá pleitear a proibição do exercício de voto do interessado, caso contrário, apenas eventual reparação de danos.

Por outro lado, a dificuldade no uso do sistema de governança, causado pela ausência ou por problemas nas regras aplicáveis, pode ser encarada como um espaço disponível à obtenção de benefícios privados pelo interessado.

Retirada a "visibilidade" destas transações por conta da falta de procedimentos obrigatoriamente observáveis, a condição conflitiva do interessado pode passar despercebida e ainda, mesmo se conhecida, pode ser contornada pela interpretação substancial, a qual garante o exercício do voto com a possibilidade de questionamento posterior do seu mérito.

Se levada em conta a alta concentração da titularidade das ações em torno de poucos dos acionistas no mercado brasileiro das companhias abertas, é possível argumentar que o direcionamento da administração das transações entre partes relacionadas ao conselho de administração ou aos órgãos ordinariamente competentes, formados por membros majoritariamente indicados pelo controlador, representa a existência de um processo decisório que garante a oportunidade de extração dos benefícios privados por esta figura.

Assim, também é possível argumentar que, além do custo relativo ao estabelecimento e à aplicação de uma regra particular de identificação ou tratamento dos conflitos de interesses, a companhia que a adota faz o seu "agente" interessado incorrer no custo da diminuição das oportunidades referentes à retirada de benefícios particulares. Este último custo talvez seja um óbice relevante à adoção destas regras, pouco interessantes aos tais acionistas controladores.

Embora ainda seja pouco popular no mercado nacional, há espaço para que as companhias listadas criem e divulguem regras particulares para o enfrentamento dos problemas decorrentes dos conflitos de interesses, de modo a incrementar o seu sistema de governança.

Este sistema seguramente pode afastá-las daquelas interpretações radicais pela desregulação ou total proibição do exercício de voto nas matérias conflitivas, possibilitando à empresa a criação de regras que, atendendo as suas necessidades, direcione um alinhamento negociado entre os objetivos conflitantes.

REFERÊNCIAS

Bibliográficas

ANGELL. Joseph K. e AMES, Samuel. *Treatise on the Law of Private Corporations.* 7th edition. New Jersey: The Lawbook Exchange Ltd., 2005

AZEVEDO, Simone, SILVEIRA, Alexandre Di Miceli da, BARROS, Lucas Ayres. Raio X das melhores práticas. *Revista Capital Aberto*, São Paulo, Ano 7, pág. 08-10, junho de 2009. Disponível em: http://www.ceg.org.br/arquivos/ Raio_X_das_melhores_praticas.pdf, Acesso em Março de 2012

BAINBRIDGE, Stephen M. *Corporation Law and Economics.* New York: Foundation Press, 2002

BAUMAN, Jeffrey D., SOLOMON, Lewis D., WEISS, Elliot J. *Corporations Law and Policy – Materials and Problems.* 2nd edition. American Casebook Series. St. Paul: West Publishing Co., 1992

CAMARGO. André Antunes Soares de. *Transações entre partes relacionadas: um desafio regulatório complexo e multidisciplinar.* 2012. 259 f. Tese de doutorado em Direito Comercial – Faculdade de Direito da Universidade de São Paulo, 2012

CARVALHOSA, Modesto. *Comentários à Lei de Sociedades Anônimas –* Volume 2. 3ª edição. São Paulo: Editora Saraiva, 2003

CARVALHOSA, Modesto. *Comentários à Lei de Sociedades Anônimas –* Volume 2. 5ª edição. São Paulo: Editora Saraiva, 2011

CARY, Willian L. e EISENBERG, Melvin Aron. *Cases and Materials on Corporations.* 5th edition. New York: The Foundation Press, 1980

CLARK, Robert Charles. *Corporate Law.* 20th printing. New York: Aspen Law & Business, 1986

COMPARATO, Fábio Konder. *Direito empresarial: estudos e pareceres.* São Paulo: Saraiva, 1990

CONARD, Alfred F. *Corporations in Perspective.* Mineola – N.Y.: Foundation Press Inc., 1976

CUNHA, Rodrigo Ferraz Pimenta da. *Estrutura de Interesses nas Sociedades Anônimas – Hierarquia e Conflitos.* São Paulo: Quartier Latin, 2007

EBKE, Werner F. "The Impact of Transparency Regulation on Company Law" *in:* HOPT, Klaus J. e WYMEERSCH, Eddy. *Capital Markets and Company Law.* Oxford University Press, 2003, p. 173-197

EIZIRIK, Nelson. *A lei das S/A comentada.* Volume II – Artigos 121 a 188. São Paulo: Quartier Latin, 2011

EIZIRIK, Nelson, GAAL, Ariádna B., PARENTE, Flávia e HENRIQUES, Marcus de Freitas. *Mercado de Capitais* – Regime Jurídico. 2ª edição. Rio de Janeiro: Renovar, 2008

FERNANDES, Edison Carlos. *Demonstrações Financeiras: gerando valor para o acionista.* São Paulo: Atlas, 2011

FOX, Meritt. "Required Disclosure and Corporate Governance" *in*: HOPT, Klaus J., KANDA, Hideki, ROE, Mark J., WYMEERSCH, Eddy e PRIGGE, Stefan. *Comparative Corporate Governance – The State of the Art and Emerging Research.* Clarendon Press – Oxford. Chapter 9: Disclosure and Auditing, 1998, p. 701-718

GARNER, Bryan A. *Black's Law dictionary.* 9th edition. West Publishing Company, 2010

GELMAN, Marina Oehling. *O Conceito de Conselheiro Independente Vigente na Regulamentação dos Níveis Diferenciados de Governança Corporativa da BM&F BOVESPA.* 2012. Dissertação de mestrado em Direito dos Negócios – Escola de Direito da Fundação Getulio Vargas, 2012

GORGA, Erica Cristina Rocha. Changing the paradigm of stock ownership from concentrated towards dispersed ownership? Evidence from Brazil and consequences for emerging countries. *Cornell Law School Working Papers,* 2008. Disponível em: http://ssrn.com/abstract=1121037, Acesso em Outubro de 2011

GUERREIRO, José Alexandre Tavares. Conflitos de interesse entre sociedade controladora e controlada e entre coligadas no exercício do voto em assembleias gerais e reuniões sociais. *Revista de Direito Mercantil, industrial, econômico e financei-ro.* Nº 51. Vol. 22. São Paulo: Malheiros Editores, p. 29-32, julho-setembro, 1983

HANSMANN, Henry e KRAAKMAN, Reinier. "Agency Problems and Legal Strategies" *in*: KRAAKMAN, R., DAVIES, P., HANSMAN, H., HERTIG, G., HOPT, K., KANDA, H., ROCK, E. *The Anatomy of Corporate Law.* 1st edition. Oxford University Press, 2004, p. 21-31

HANSMANN, Henry e KRAAKMAN, Reinier. "What is Corporate Law?" *in*: KRAAKMAN, R., DAVIES, P., HANSMAN, H., HERTIG, G., HOPT, K., KANDA, H., ROCK, E. *The Anatomy of Corporate Law.* 1st edition. Oxford University Press, 2004a, p. 01 – 19

HERTIG, Gerard e KANDA, Hideki. "Related Party Transactions" *in*: KRAAKMAN, R., DAVIES, P., HANSMAN, H., HERTIG, G., HOPT, K., KANDA, H., ROCK, E. *The Anatomy of Corporate Law.* 1st edition. Oxford University Press, 2004, p. 101-130

HOPT, Klaus J. Modernização do Direito Societário: Perspectiva Transatlântica. *Revista Direito GV.* Vol. 4, nº 1. p. 49-64. Disponível em: http://www.direitogv.com.br/subportais/publica%C3%A7%C3%B5e/RD-07_5_049-064_Modernizacao%20do%20direito%20societario_Klaus%20Hopt.pdf, Acesso em Fevereiro de 2012

INTERNATIONAL ACCOUNTING STANDARDS BOARD (IASB). IAS 1 – Presentation of Financial Statements. IFRS Foundation, 2011. Disponível em: http://www.ifrs.org/NR/rdonlyres/A5D5F3C3-6C09-47F7-AAF4-681B92204BE8/0/IAS1.pdf, Acesso em abril de 2012

INTERNATIONAL ACCOUNTING STANDARDS BOARD (IASB). The Conceptual Framework for Financial Reporting. IFRS Foundation, 2010. Disponível em: http://eifrs.iasb.org/eifrs/bnstandards/en/framework.pdf, Acesso em abril de 2012

INSTITUTO BRASILEIRO DE GOVERNANÇA CORPORATIVA (IBGC). Código das Melhores Práticas de Governança Corporativa. 4.ed. São Paulo, SP: IBGC, 2010. Disponível em: www.ibgc.org.br/Download.aspx?Ref=Codigos&CodCodigo=47, Acesso em janeiro de 2012

JENSEN, Michael C. e MECKLING, William H. Theory of the firm: managerial behavior, agency costs and ownership structure *in*: ROMANO, Roberta. Foundations of Corporate Law. New York: Foundation Press, 1993

LEÃES, Luiz Gastão Paes de Barros. *Estudos e pareceres sobre sociedades anônimas.* São Paulo: Editora Revista dos Tribunais, 1989

LA PORTA, Rafael, LOPEZ DE SILANES, Florencio, DJANKOV, Simeon & SHLEIFER, Andrei. The law and economics of self-dealing. *NBER Working Paper Series Nº W11883, 2006.* Disponível em: http://www.nber.org/papers/w11883, Acesso em outubro de 2011

LAMY FILHO, Alfredo e PEDREIRA, José Luiz Bulhões. *A Lei das S.A.: (pressupostos, elaboração, aplicação).* Vol. II. Pareceres. Rio de Janeiro: Renovar, 1996

LAZZARESCHI NETO, Alfredo Sérgio. *Lei das Sociedades por Ações Anotada.* 2ª edição. São Paulo: Saraiva, 2008

LOSS, Louis. "Disclosure as Preventive Enforcement" *in*: HOPT, Klaus J., TEUBNER, Günter. *Corporate governance and directors' liabilities: legal, economic and sociological analyses on corporate social responsibility.* Berlin; New York: de Gruyter, 1984

MOURAD, Nabil Ahmad e PARASKEVOPOULOS, Alexandre. *IFRS: Introdução às*

normas internacionais de contabilidade. São Paulo: Atlas, 2010

NAKAJIMA, Chizu. *Conflicts of Interest and Duty – A Comparative Analysis in Anglo-Japanese Law.* Kluler Law International, 1999

NOVAES FRANÇA. Erasmo Valladão Azevedo e. *Conflito de Interesses nas Assembléias de S.A.* São Paulo: Editora Malheiros, 1993

NOVAES FRANÇA. Erasmo Valladão Azevedo e. Conflito de interesses: formal ou substancial? Nova decisão da CVM sobre a questão. *Revista de Direito Mercantil, industrial, econômico e financeiro.* Nº 128. Ano XLI. São Paulo: Malheiros Editores, p. 225-262, outubro-dezembro, 2002

ODA. Patrícia. *Transações entre partes relacionadas, desempenho e valor: um estudo na bolsa de valores de São Paulo.* 2010. 70 f. Trabalho de Qualificação de mestrado em Controladoria e Contabilidade) – Faculdade de Economia e Administração da Universidade de São Paulo, 2010

PADOVEZE, Clóvis Luís, BENEDICTO, Gideon Carvalho de, LEITE, Joubert da Silva Jerônimo. Manual *de Contabilidade Internacional: IFRS, US Gaap e BR Gaap – Teoria e prática.* São Paulo: Cengage Learning, 2012

PRADO, Viviane Muller. *Conflito de Interesses nos Grupos Societários.* São Paulo: Quartier Latin, 2006

PRICEWATERHOUSECOOPERS (PWC). IFRS e CPCs – *A nova contabilidade brasileira. Impacto para o profissional de RI.* Outubro de 2010. Disponível em: http://www.ibri.org.br/download/publicacoes/PwC_IBRI_IFRS_CPCs.pdf, Acesso em março de 2012

REVISTA CAPITAL ABERTO. Anuário de Governança Corporativa das companhias abertas 2011. Coordenação geral de Alexandre Di Miceli da Silveira.

São Paulo: número 29, ano 4, outubro de 2011

REVISTA CAPITAL ABERTO. As melhores companhias para os acionistas 2011. São Paulo: número 30, ano 4 outubro de 2011a. Disponível em: http://www.capitalaberto.com.br/ler_artigo.php?pag=3&sec=28&i=4198, Acesso em agosto de 2012

SALOMÃO FILHO, Calixto. *O novo direito societário*. 3ª edição. São Paulo: Editora Malheiros, 2006

SILVEIRA, Alexandre Di Miceli da, PRADO, Viviane Muller, SASSO, Rafael. Transações com partes relacionadas: estratégias jurídicas e relação com a governança corporativa e valor das empresas no Brasil. *CEG (Center for Corporate Governance Research) Working Paper Series 002/2009*. Disponível em: http://www.ceg.org.br/arquivos/02_2009.pdf, Acesso em Outubro de 2011

SILVEIRA, Alexandre Di Miceli da. *Governança Corporativa no Brasil e no Mundo – Teoria e Prática*. Elsevier: Rio de Janeiro, 2010

SILVEIRA, Alexandre Di Miceli da. As duas faces do modelo brasileiro. *Revista Capital Aberto*, São Paulo, Ano 7, nº 73, pág. 70-71, setembro de 2009

SILVEIRA, Alexandre Di Miceli da. Poder divido. *Revista Capital Aberto*, São Paulo, Ano 9, nº 98, pág. 64-65, outubro de 2011

SIMÕES, Paulo Cesar Gonçalves. *Governança corporativa e o exercício de voto nas S.A.* Rio de Janeiro: Lumen Juris, 2003

SPINELLI, Luis Felipe. *Conflito de interesses na administração da sociedade anônima*. São Paulo: Editora Malheiros, 2012

THEFREEDICTIONARY (TFD). <http://encyclopedia.thefreedictionary.com> Acesso em junho de 2012

VAGTS, Detlev F. Basic *Corporation Law – Material – Cases – Text*. 3rd edition. New York: Foundation Press, 1989

VALOR ECONÔMICO. *CVM chama atenção para as partes relacionadas*. Seção Empresas. São Paulo: 03 de julho de 2012, p. B2

Legais

BRASIL. Comissão de Valores Mobiliários – CVM. Decisão do colegiado. Inquérito Administrativo. Nº RJ2001/4977. Interessados: Álvaro Pereira de Moraes Filho e Tele Celular Sul Participações S.A.: Norma Jonssen Parente. Rio de Janeiro, 19 de dezembro de 2001. Disponível em: http://www.cvm.gov.br/port/inqueritos/2001/rordinario/inqueritos/4977.asp, Acesso em março de 2012

BRASIL. Comissão de Valores Mobiliários – CVM. Decisão do colegiado. Inquérito Administrativo. Nº RJ2002/1153. Interessados: Caixa de Previdência dos Funcionários do Banco do Brasil – PREVI e Fundação SISTEL de Seguridade Social. Diretora-relatora: Norma Jonssen Parente. Rio de Janeiro, 06 de novembro de 2002. Disponível em: http://www.cvm.gov.br/port/inqueritos/2002/rordinario/inqueritos/TARJ2002_1153.asp, Acesso em março de 2012

BRASIL. Comissão de Valores Mobiliários – CVM. Decisão do colegiado. Processo Administrativo nº RJ 2006/6785. Interessado: Tele Norte Leste Participações S.A. Diretor-relator: Pedro Oliva Marcilio de Sousa. Rio de Janeiro, 25 de setembro de 2006a. Disponível em: http://www.cvm.gov.br/port/descol/respdecis.asp?File=5264-0.HTM, Acesso em março de 2012

BRASIL. Comissão de Valores Mobiliários- CVM. Deliberação nº 642, de 07 de outubro de 2010. Aprova o Pronunciamento Técnico CPC 05 (R1) do Comitê de Pronunciamentos Contábeis - CPC sobre divulgação de partes relacionadas. Disponível em: http://www.cvm.gov.br/asp/cvmwww/atos/Atos_Redir.asp?Tipo=D&File=\deli\deli642.do, Acesso em janeiro de 2012

BRASIL. Comissão de Valores Mobiliários-CVM. Instrução nº 457, de 13 de julho de 2007. Dispõe sobre a elaboração e divulgação das demonstrações financeiras consolidadas, com base no padrão contábil internacional emitido pelo International Accounting Standards Board – IASB. Disponível em: www.cvm.gov.br/asp/cvmwww/atos/Atos/inst/inst457.doc, Acesso em abril de 2012

BRASIL. Comissão de Valores Mobiliários- CVM. Instrução nº 480, de 07 de dezembro de 2009. Dispõe sobre o registro de emissores de valores mobiliários admitidos à negociação em mercados regulamentados de valores mobiliários. Disponível em: http://www.cvm.gov.br/asp/cvmwww/atos/exiato.asp?File=%5Cinst%5Cinst480.htm, Acesso em janeiro de 2012

BRASIL. Comissão de Valores Mobiliários-CVM. Parecer de Orientação nº 34, de 18 de agosto de 2006. Impedimento de voto em casos de benefício particular em operações de incorporação e incorporação de ações em que sejam atribuídos diferentes valores para as ações de emissão de companhia envolvida na operação, conforme sua espécie, classe ou titularidade. Interpretação do §1º do art. 115 da Lei 6.404/76. Disponível em: http://www.cvm.gov.br/asp/cvmwww/atos/exiato.asp?File=/pare/pare034.htm, Acesso em julho de 2012

BRASIL. Comissão de Valores Mobiliários – CVM. Recurso contra entendimento da SEP, a respeito da possibilidade do acionista controlador, GDF Suez Energy Latin America Participações Ltda., votar na assembleia sobre a aquisição de ações da Suez Energia Renovável S.A. Processo Administrativo nº RJ 2009-13179 (Reg. nº 7190/2010). Interessado: Tractebel Energia S.A. Diretor-relator: Alexsandro Broedel Lopes. Rio de Janeiro, 09 de setembro de 2010a. Disponível em: http://www.cvm.gov.br/port/descol/respdecis.asp?File=7190-4.HTM#BM6, Acesso em março de 2012

BRASIL. Conselho de Recursos do Sistema Financeiro Nacional – CRSFN. Recursos Voluntários, nº 4120, 233ª Sessão, Processo CVM RJ2001/4977. Recorrentes: Álvaro Pereira de Moraes Filho e Tele Celular Sul Participações S.A. Recorrido: Comissão de Valores Mobiliários. Brasília, 21 de janeiro de 2004. Ata publicada no D.O.U. de 15/04/2004, seção 1, páginas 16 e 17. Disponível em: http://www.bcb.gov.br/crsfn/relatorio%20 2004%20CRSFN.pdf, nas páginas 12 e 13. Acesso em Março de 2012

BRASIL. Conselho Federal de Contabilidade – CFC. Resolução CFC nº 1.055 de 2005. Cria o Comitê de Pronunciamentos Contábeis – (CPC), e dá outras providências. Disponível em: http://www.cgu.gov.br/AreaPrevencaoCorrupcao/AreasAtuacao/IntegridadeEmpresas/arquivos/RES_1055.pdf, Acesso em abril de 2012

BRASIL. Constituição da República Federativa do Brasil, de 05 de outubro de 1988. Disponível em: http://www.planalto.gov.br/ccivil_03/Constituicao/ConstituicaoCompilado.htm, Acesso em março de 2012

BRASIL. Decreto-Lei nº 2.627, de 26 de setembro de 1940. Dispõe sobre as sociedades por ações. Disponível em: ht-

CONFLITO DE INTERESSES NAS COMPANHIAS

tps://www.planalto.gov.br/ccivil_03/decreto-lei/del2627.htm, Acesso em março de 2012

BRASIL. Lei nº 4.595 de 31 de dezembro de 1964. Dispõe sobre a Política e as Instituições Monetárias, Bancárias e Creditícias, cria o Conselho Monetário Nacional e dá outras providências. Publicada no D.O.U. em 31/01/1965. Disponível em: http://www.planalto.gov.br/ccivil_03/leis/L4595compilado.htm, Acesso em março de 2012

BRASIL. Lei nº 6.385 de 07 de dezembro de 1976. Dispõe sobre o mercado de valores mobiliários e cria a Comissão de Valores Mobiliários. Publicada no D.O.U. em 09/12/1976. Disponível em: http://www.planalto.gov.br/ccivil_03/leis/L6385compilada.htm, Acesso em março de 2012

BRASIL. Lei nº 6.404 de 15 de dezembro de 1976. Dispõe sobre as Sociedades por Ações. Publicada no D.O.U. em 17/12/1976. Disponível em: http://www.planalto.gov.br/ccivil_03/leis/L6404compilada.htm, Acesso em Janeiro de 2012

BRASIL. Lei nº 10.406 de 10 de janeiro de 2002. Institui o Código Civil. Publicada no D.O.U. em 11/01/2002. Disponível em: http://www.planalto.gov.br/ccivil_03/leis/2002/L10406compilada.htm, Acesso em janeiro de 2012

BRASIL. Lei nº 11.638 de 28 de dezembro de 2007. Altera e revoga dispositivos da Lei no 6.404, de 15 de dezembro de 1976, e da Lei no 6.385, de 7 de dezembro de 1976, e estende às sociedades de grande porte disposições relativas à elaboração e divulgação de demonstrações financeiras. Publicada no D.O.U. em 28/12/2007. Disponível em: https://www3.bcb.gov.br/normativo/detalharNormativo.do?N=110099492&method=detalharNormativo, Acesso em março de 2012

BRASIL. Ofício Circular CVM/SEP/Nº02/2011 de 05 de janeiro de 2011. Orientações gerais sobre o preenchimento dos Formulários DFP e ITR. Disponível em: http://www.cvm.gov.br/port/atos/oficios/Of%C3%ADcio%20Circular%20CVM%20SEP%2002-11.pdf, Acesso em janeiro de 2012

BRASIL. Resolução do Banco Central nº 3.921 de 25 de novembro de 2010. Dispõe sobre a política de remuneração de administradores das instituições financeiras e demais instituições autorizadas a funcionar pelo Banco Central do Brasil. Disponível em: http://www.cvm.gov.br/asp/cvmwww/atos/Atos_Redir.asp?Tipo=D&File=\deli\deli642.do, Acesso em janeiro de 2012

BRASIL. Tribunal de Justiça do Estado de São Paulo. Agravo de Instrumento nº 416.635.4/0-00. Agravante: Luis Augusto Muller. Agravado: Benedito Augusto Muller e outro. Relator: Desembargador Sérgio Gomes. São Paulo, 07 de fevereiro de 2006. Disponível em: https://esaj.tjsp.jus.br/cjsg/getArquivo.do?cdAcordao=2164058&vlCaptcha=xpncs, Acesso em março de 2012

CALIFORNIA CORPORATE CODE. Section 310. Disponível em: http://codes.lp.findlaw.com/cacode/CORP/1/1/d1/3/s310, Acesso em janeiro de 2012

COMITÊ DE PRONUNCIAMENTOS CONTÁBEIS – CPC. Pronunciamento Técnico CPC 05 (R1) de 03 de setembro de 2010. Divulgação sobre partes relacionadas. Disponível em: http://www.cpc.org.br/pdf/CPC05R1_final.pdf, Acesso em abril de 2012

DELAWARE CORPORATE CODE. Section 144. Disponível em: http://codes.lp.findlaw.com/decode/8/1/IV/144, Acesso em janeiro de 2012

ÍNDICE

Prefácio..7

Introdução..17

Capítulo 1. Conflito de interesses – aspectos teóricos do tema.................23

Capítulo 2. Conflito de interesses no Brasil – Lei 6.404/76,
IFRS e a sugestão de um novo foco para o debate...................................59

Conclusões finais 113

Referências 121